大家小书

敦煌学概论

姜亮夫 著

北京出版集团公司
北京出版社

图书在版编目（CIP）数据

敦煌学概论 / 姜亮夫著 . — 北京 ：北京出版社，2016. 7

（大家小书）

ISBN 978-7-200-12072-1

Ⅰ. ①敦… Ⅱ. ①姜… Ⅲ. ①敦煌学 Ⅳ. ①K870. 6

中国版本图书馆CIP数据核字（2016）第076984号

总策划：安 东 高立志 责任编辑：刘 娜

· 大家小书 ·

敦煌学概论

DUNHUANGXUE GAILUN

姜亮夫 著

*

北 京 出 版 集 团 公 司
北 京 出 版 社 出版

（北京北三环中路6号 邮政编码：100120）

网 址：www.bph.com.cn

北京出版集团公司总发行

新 华 书 店 经 销

北京华联印刷有限公司印刷

*

880毫米×1230毫米 32开本 6.375印张 104千字

2016年7月第1版 2023年4月第5次印刷

ISBN 978-7-200-12072-1

定价：32.00元

质量监督电话：010-58572393

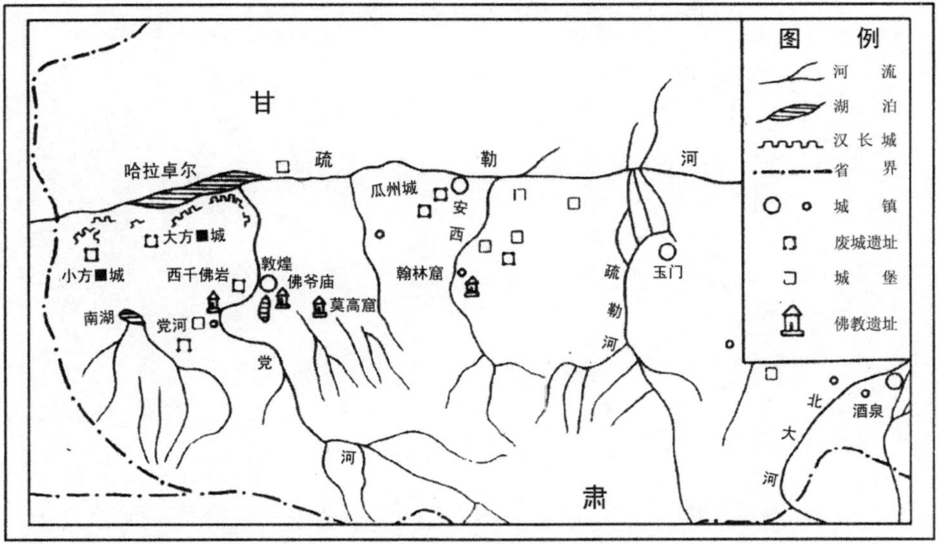
图例
河流
湖泊
汉长城
省界
城镇
废城遗址
城堡
佛教遗址
甘
肃
哈拉卓尔
疏
勒
河
瓜州城
安
西
门
玉门
疏
勒
河
大方■城
小方■城
西千佛岩
敦煌
佛爷庙
莫高窟
翰林窟
南湖
党河
党
河
北
大
河
酒泉

敦煌附近地图

序　　言

袁行霈

“大家小书”，是一个很俏皮的名称。此所谓“大家”，包括两方面的含义：一、书的作者是大家；二、书是写给大家看的，是大家的读物。所谓“小书”者，只是就其篇幅而言，篇幅显得小一些罢了。若论学术性则不但不轻，有些倒是相当重。其实，篇幅大小也是相对的，一部书十万字，在今天的印刷条件下，似乎算小书，若在老子、孔子的时代，又何尝就小呢？

编辑这套丛书，有一个用意就是节省读者的时间，让读者在较短的时间内获得较多的知识。在信息爆炸的时代，人们要学的东西太多了。补习，遂成为经常的需要。如果不善于补习，东抓一把，西抓一把，今天补这，明天补那，效果未必很好。如果把读书当成吃补药，还会失去读书时应有的那份从容和快乐。这套丛书每本的篇幅都小，读者即使细细地阅读慢慢地体味，也花不了多少时间，可以充分享受读书的乐趣。如果把它们当成补药来吃也行，剂量小，吃起来方便，消化起来也容易。

我们还有一个用意，就是想做一点文化积累的工作。把那些经过时间考验的、读者认同的著作，搜集到一起印刷出版，使之不至于泯没。有些书曾经畅销一时，但现在已经不容易得到；有些书当时或许没有引起很多人注意，但时间证明它们价值不菲。这两类书都需要挖掘出来，让它们重现光芒。科技类的图书偏重实用，一过时就不会有太多读者了，除了研究科技史的人还要用到之外。人文科学则不然，有许多书是常读常新的。然而，这套丛书也不都是旧书的重版，我们也想请一些著名的学者新写一些学术性和普及性兼备的小书，以满足读者日益增长的需求。

“大家小书”的开本不大，读者可以揣进衣兜里，随时随地掏出来读上几页。在路边等人的时候，在排队买戏票的时候，在车上、在公园里，都可以读。这样的读者多了，会为社会增添一些文化的色彩和学习的气氛，岂不是一件好事吗？

“大家小书”出版在即，出版社同志命我撰序说明原委。既然这套丛书标示书之小，序言当然也应以短小为宜。该说的都说了，就此搁笔吧。

前　言

柴剑虹

1900 年 6 月 22 日敦煌莫高窟藏经洞的重新面世,石破天惊,举世瞩目。随即,因藏经洞大量珍贵古代写本流失海外,一门代表“世界学术新潮流”的敦煌学迅速形成,而迎立潮头的国内学者却寥若晨星;至于远赴欧洲寻访敦煌写卷的仅数人而已,之中就有姜亮夫先生。姜老晚年,曾几次同我谈起他 20 世纪 30 年代在法国国家图书馆抄写敦煌卷子的情景,大约可以用八个字来形容:含辛茹苦,废寝忘食。他是自费去的,在巴黎这个“世界艺术之都”里,自甘寂寞,远离尘嚣,舍弃一切消闲,伏案埋首于故纸堆中,不仅要节衣缩食,费神伤目,而且放弃了获得博士学位的机会。20 世纪 90 年代初,姜老的视力已经衰减到只能勉强辨认眼前的指影,但每当他对我讲起在欧洲的辛劳,便双目炯然有光,流露出无悔无怨的刚毅神色。

在我国老一辈的敦煌学家中,姜亮夫先生不仅是第一位撰写普及敦煌文化与敦煌学知识读物的名家（这有1956年出版的《敦煌——伟大的文化宝藏》一书为证），也是第一位在高校开办敦煌学讲习班的大师，这本《敦煌学概论》就是根据他在1983年的讲课录音整理而成的。《敦煌学概论》是我国第一本讲述敦煌学的简明教材。姜亮夫先生以自己走上研治敦煌学的亲身经历与感受入题，娓娓道来，饱含爱国主义的情感与对年轻一代的热切期望，推本溯源，深入浅出，从影响人类历史发展的高度来评述敦煌学在中国乃至世界文化史上的价值，又言简意赅地介绍了敦煌文献与艺术品的丰富内容，讲授了如何研究敦煌写卷的方法。一本不足八万字的小书，其内涵之丰富，学问之广博，感情之充沛，均非一般的高头讲章之所能及，也绝不亚于一些皇皇巨著。在某种意义上可以说，这本小书是姜先生一生教学与研究敦煌学的结晶，也是他治学精神与人格魅力的集中体现。姜老生前最关心的一件事，就是传统文化的普及工作。他对普及敦煌文化与敦煌学知识高度重视并身体力行，为此倾注了大量心血，反映了他的远见卓识。因为没有普及，提高便失去了坚实的基础；没有普及，人才的培育就缺乏充沛的营养。姜老开设敦煌学的讲习班，撰写普及性的读物与教材，既开了我国高校培养敦煌学专门人才的先河，也是让更多的学人感受“世界学术新潮流”的有益尝试，这在敦煌学史上是值得大书一笔的。

我常常感慨远隔万里的浙江与敦煌之间的缘分。姜老是云南昭通人，青年时代北上求学，又远赴欧洲寻访国宝，后归国任教，饱受颠沛流离之苦，最后定教席于杭州大学。于是，浙江学子有幸，能在一位大师的谆谆教诲下耕耘楚辞学、敦煌学、语言学的园地，培养出了数代学术精英。我自小生长在西子湖畔，算是地地道道的杭州人，而且与姜老的爱女姜昆武还是“杭高”同级学友，但因 1961 年到北京师范大学学习，毕业后又到新疆任教，无缘涉足姜老门墙；然而，我既与大西北有缘，亦与敦煌有缘，终于得以在姜老晚年多次亲聆大师的教诲。尤其让我难以忘怀的是，姜老在病榻上和我谈得最多的话题，就是如何为年轻学子创造更多更好的学习进修条件，去完成老一辈想做而未能做成、做好的课题。

1983 年 8 月，中国敦煌吐鲁番学会在兰州成立后，根据包括姜老在内的著名学者的建议，中央批给学会一笔经费，用以开展敦煌学的资料整理、学科建设与成果出版。当时学会专门拨了几万元钱，作为姜老敦煌学著作的出版补贴。可是，姜老一直舍不得用，想用来扶植青年人。有一次，姜老针对杭大古籍所里有的负责人与年轻教师闹矛盾的事，动情地对我讲：“对青年人要发挥他们的长处 ，真心地培养他们。如某某人，有发展前途，就应该给他创造机会，比如送他出国去进修。研究中国古代语言的，不光是懂俗语词，有条件还要多学外语，学习古印度的梵文，学习古代西域那些少数民族语言，我们的敦煌学研究才能弥补空白，老一辈未做成的事才能做好。”当时，出于对姜老健康的关心，教育部的一位领导曾劝他“垂帘不听政”。他跟我说：“这我恐怕做不到。”确实，他一直在过问、关切所里的事，绝非为了被有些人看重的权力，而是为了教学与研究的顺利进行，为了年轻人的健康成长。1994年夏，杭大几位青年教师陪我到浙江医院去探望姜老，当时他已不能说话，恐怕眼睛也看不见我们，可一听见我们的声音，马上露出笑容，并伸出手来和我们紧紧相握，表达了他对后辈的关爱与期望。

斯人已逝，事业长存。我想，这本《敦煌学概论》收入“大家小书”再次推出，也是对姜亮夫先生最好的一个纪念。十八年前《敦煌学概论》在中华书局初版时，我有幸担任此书的责任编辑，这大概是今天北京出版社的同行委托我写这篇“前言”的一个原因。八年前姜老仙逝时，我曾赶回杭州为他送行，当时很想写一些悼念的文字，却久久不能下笔。去年召开纪念姜老百岁诞辰的学术研讨会，我写了一篇重新阅读《敦煌——伟大的文化宝藏》体会的文章，终觉得言犹未尽。这篇“前言”，就算是一点补充吧。

2003年11月22日

目　录

第一讲　我与敦煌学

我是从一无所知慢慢走到喜爱敦煌学的，其间经历，相当艰苦，许多条件不允许我做得很痛快，是辗转地想着法子，拼拼凑凑地把这个工作做下去的。现在想起这段经历来，一面觉得有些不舒服，另一面却又感到非常高兴：因为在条件如此不充足的情况下，居然让我做成了一些事。

敦煌学之所以吸引了我，与我的兴趣及我的家庭教育和老师教育有关。近年来，我有一个关于教育的设想：就是一个做科研工作的人一定要同他自身的一切条件相配合。条件有两种：一种是生理条件，一种是社会环境。譬如一个人记忆力很好，他可能搞历史；另一个人理解力很强，他就适于搞哲学或自然科学。所以，一个人生理上的特点，与他的前途、成就，有很大的关系。在此，我想讲讲自己生理上的优劣。老师、亲友往往说我的天赋是比较强硬的，但是，我自己觉得是一个很迟钝的人。也因为迟钝，才引出几件事情来。其一是我一辈子不做欺骗人的事情，一辈子读书都是规规矩矩，老老实实，从头做起，不敢偷懒的，也就是说自己知道廉耻。孔子曰：知耻近乎勇。因此，我在学术研究道路上，就有一种毫不为人所难的脾气。30年代，在很艰难的条件下，靠教书积攒起来的几个钱，到欧洲去。假如没有这个戆脾气，我自然也不会钻进敦煌学，因为那个时候，我没有地位和经济支持。等我到了巴黎，看过几十个博物馆以后，才下决心把我国文物搞回来。为此，我连从巴黎大学得博士学位的机会也放弃了，听从王重民先生的话，加入他们的行列。这个行列，当时在欧洲只有三个人：王重民、向达和我。他俩是以公费到欧洲去的，我却是自费的。因此，我奋斗的范围是比较小的，王重民先生分我搞汉语音韵，我自己稍微扩大了一点，也搞儒家经典、道家经典等卷子。假如我不是戆头戆脑的话，哪个不想得个博士学位归国呢！生性使我这样。另一方面是家庭和老师的教育。我父亲是云南东部昭通十二州县光复时的领导人之一，年轻时，就接受梁任公、章太炎先生的影响，是非常爱国的人。他平常教我爱国思想，从小就要我读格致教科书等科学知识的书。总结父亲给我的影响，主要是这两方面。有一回，我躲在稻草堆下看《红楼梦》，被父亲发现了。他启发我：孩儿，你要看《红楼梦》，是怎么看的？讲给我听听。我怎么讲得出来，不过是看故事嘛！父亲就说：里边的人仔细看看，到底有哪些人？你给我找出分别来。我得了这个题目，《红楼梦》是仔仔细细地看过的。所以，现在还稍稍有点《红楼梦》的知识，虽然，从那以后，我不看了，从中学毕业到考上大学，再也没有看过。我想我的情况对大家会有所启发的，所以，希望大家了解自己，首先了解自己应该走什么路。譬如搞敦煌学吧，有的人对搞佛教经典有兴趣，有的人对搞儒家经典有兴趣，有的人可能有兴趣搞历史，也有的人想搞艺术，等等，因人而异。你们对于自己的思想、生活及性情脾气有个了解以后，走起路来是轻快的，是能够坚持到底的。不然的话，见异思迁就完了。我父亲有一件事情使我非常感动，他喜欢文天祥的《正气歌》，几乎每年都要写一次，并且都写成大的条屏，可以在墙上挂的。所以，我八岁时就把它背熟，父亲给我讲解。我一生之所以有一些爱国主义思想，恐怕要数父亲的影响来得大。

我也有缺点，一生脾气很戆的，到处和人家不合。解放初，我没有发表过一篇文章，因为拿出去，人家不欢迎，发表以后要受批评的，所以，就不发表，这是我的缺点。我不大联系群众，但是，我一生职业是教书，所以，我对青年是热爱的。为了青年，再大的苦我都吃得，这也是我的脾气。

我从事敦煌学，也同这脾气有关。早年在四川读书，一位老师教我读诗词，告诉我朱彊村的《彊村丛书》收的第一种词集是敦煌发现的，即《云谣集》曲子词。从此，我开始知道敦煌有材料，但是，还不懂。后来到北京读书，王国维先生经常告诉我们：某个东西敦煌卷子里边有，你们去看看吧！某个东西敦煌卷子里边也有，你们去看看吧！因此，我经常去清华图书馆找敦煌的东西看，从此，产生兴趣。及到后来，见了王重民，要我去搞敦煌的音韵卷子，我同意了。抄了许多卷子，拍了许多照片，又看了许多壁画。伯希和的《敦煌图录》给我很大的启发，在这本书里，我发现我们整个文化史里许许多多的东西，突然爱好敦煌艺术了。抗战期间，我正在四川，他们组织了一个敦煌艺术研究所筹备委员会，请了三个人：向达、常书鸿和我，要我们到敦煌去设计一下。向达和常书鸿去了，我没有去。向达回来告诉我敦煌艺术的体系是怎么样子的，又给我看了许多照片，更激发我对敦煌艺术的爱好。当时，我在四川三台的东北大学教书，由于找不着材料，身边只有从巴黎拍摄回来的几百张敦煌卷子的照片。既然不能研究敦煌艺术，就研究敦煌卷子吧！但是，时刻想念着敦煌艺术。这个时候我在读五代人的词，看到许多同敦煌艺术有关系的材料。记得有个学生来问我：《木兰词》的“对镜贴花黄”怎么个讲法？他说：我们看了若干书，都讲不出来。我说我从《敦煌图录》里看出来了。原来唐末五代的妇女喜欢剪些花鸟贴在脸上，譬如剪个蝴蝶、牡丹花，什么虫鸟之类，贴在脸上。后来我又在温庭筠的十八首《菩萨蛮》词（专讲妇女装饰的）中下工夫，拿敦煌文物来证明温庭筠的词，得到了说明。不过，我这个说法多少还是一种感性认识，还没有落到理性，等到我在三台做了三年多的研究工作，完成了《瀛涯敦煌韵辑》之后，才从感性转到理性。这里不单单是读读诗词而已，而是整个敦煌文物都在说明与中国全部文化有关系。因此，我转而搞历史，搞音韵学。这个时候，我完成了几个东西，一个是《瀛涯敦煌韵辑》，一个是敦煌传记，譬如关于敦煌王的传记，那时称陀西王，有两家：张家和曹家。我给他们作了很详细的注解，补了《唐书》和《五代史》。还写了一篇关于敦煌科学家的传。以上是我从事敦煌学研究的两个阶段，从艺术品慢慢地转入遗书。到现在为止，我仍然以敦煌卷子为基础，到底有些什么结果，很难说。我也不敢说我取得的一些结果就完全成熟了，现在也还想加深、修订。

把五十年来的成果，一样一样地说一说，可能对从事敦煌学研究的同志有些帮助。我的成果大体可以分为两大类：一类是校录，即将敦煌卷子拿出来校对并抄录，有次序有系统地搞；一类是研究。校录工作往往为研究工作做基础，根据校录好的材料进行研究。但是，我的研究工作追不上校录工作，因此，现在还有不少校录的东西只能成为校录，没有法子进行研究。当然这也是直接与敦煌学有关系的东西。

另外，是为敦煌学而做的工具性的东西，譬如我把敦煌所出的佛教经典做了个统计，得了一个结果，对我们将来研究敦煌学可能有用处。

我还做了一些敦煌卷子的摘录。这些东西没有法子考证，而是为以后研究提供一种方便的。譬如说敦煌卷子有一个尺度：卷子多大、多长，每行多少字等，有一定规矩。这个卷子写完以后，最后写什么人写的，谁翻译的，也有一定规矩。我就把敦煌大德、敦煌写僧、敦煌寺观全部摘录下来，让研究敦煌的人，根据我的摘录，推测其他没有著录的卷子的时代。从哪个经生写的，可以知道这是哪个时代的卷子；从某个经典有这个人名字，可以知道它是什么时候写的；这个经典是哪个庙宇的，只要看看这个庙宇的相同经典，就知道了，等等。所以，现在研究卷子的人，都可以利用我这个摘录做工作。这种校录工作很大一部分是工具性的东西，要稍稍多讲几句。编工具书这件事，我们研究学问的人，非做不可，可惜有些学人不大看得起工具书和编工具书的工作。回忆我的老师王国维先生，他每研究一种学问，一定先编有关的工具书。譬如他研究金文，就先编成了《宋代金文著录表》和《国朝金文著录表》，把所能收集到的宋代、清代讲金文的书全部著录了。他研究宋元戏曲，先做了个《曲录》，把宋元所有的戏曲抄录下来，编成一书。所以，他研究起来，就晓得宋元戏曲有些什么东西，哪个戏最早，哪个戏最晚，哪个戏同哪个戏的关系怎样，历史关系怎样，地理关系怎样，人物关系怎样，等等，都清清楚楚。他的《宋元戏曲史》虽然是薄薄的一本书，但是，至今已成为不可磨灭的著作。因为他的东西点点滴滴都是有详细根据的。所以，我也喜欢做工具书，我不怕人家笑话我：你这个专家为什么编工具书，做一个编工具书的人呢？我并不以此为耻，反而认为做工具书是我们每个学人应当负起的责任。如果我们每个学人都负起责任来做一些工具书的话，那么，好些工具书都可以及早做出来了。举一两个例子，顾颉刚先生在燕京大学教书，领着许多年轻同志做引得。这些引得，把某书的某个问题完完整整地显示了出来，我们现在都深得这八十一种引得的方便。我研究《楚辞》，也做了一个引得，因此，《楚辞》的每一个字共出现过几次，也是清清楚楚的。研究起来，把有关的全部很方便地找齐，《楚辞》里边的这个字，总共有几个意思，哪个是本义，哪些是后来变义，都可以辨得清清楚楚。所以，工具书是我们每个人都应当做的，直到现在，我做工具书的兴趣也不减弱，甚至有许多东西，我干脆就抄录人家现成的。譬如我有一份刘师培先生著作的书目，就是把他做的书、文章，一条一条地抄录下来的。我要是做起文章来，就把刘师培先生这个东西翻开一看，材料都在一起，就拿下来了。所以，工具书是一定要做的，现在的情况，是太少了。在我们研究所里，要提倡这种风气，每人都要争取做一两本工具书。你是研究《周礼》的，就做《周礼》的工具书；你是研究《尚书》的，就做《尚书》的工具书。这些东西也是我研究敦煌学的基础，是我研究整个学问的一个极好的基础。我的书桌上，书目一大堆，大概有一尺多高，都是我自己抄的，虽然它不是真正的敦煌学研究，但是，我研究敦煌学是确确实实这样做的。譬如《瀛涯敦煌韵辑》这本书，写好以后，我把它分类摘抄，反切抄一个，小韵抄一个，大韵抄一个……抄了五六种。不久前来了一个进修生，要读《广韵》，我就把这一套东西给他利用，结果把《广韵》读通了，也是靠工具书。

我的关于敦煌卷子的校录，大概有如下几种：一种是对经典的校录，以《诗经》、《尚书》为最多。关于《诗经》和《尚书》的校录，我差不多完整了，所有敦煌卷子都收在里头了。我的《诗经》校录，武汉大学有位教授要，我就抄给他了。他根据这个写了一本书，叫《郑康成毛诗笺》，所以说，这个东西是有用处的。《尚书》校录，我仍在做，要努力做成的。除了《诗经》、《尚书》而外，我还有《春秋左氏传》、《周礼》、《礼记》等校录，看来不能再继续了，没有这份精力了。

第二种是诸子的校录，集中力量搞《老子道德经》。所有敦煌《老子道德经》的卷子都抄录完整了，并且已经写成一篇两万字的论文，题为《〈老子道德经〉的研究》。关于《道德经》，下面还要讲，这里先提两件很有趣的事情。第一件是关于书名。《道德经》是现在的名称，几年前在山东银雀山发现汉初写本，不叫《道德经》，而叫《德道经》，倒转过来说的。这是一个大宝，我的一个朋友得知以后，高兴得很，写信告诉我。我说在敦煌卷子里已经发现了同样的情况。第二件是关于字数。据《史记》说，《道德经》是五千言。不少敦煌的《道德经》卷子，每章标有字数，合起来为四千九百九十九字，仅差一字。有人说应当是五千零几十个字，那么，太史公讲五千言的可靠成分到底在哪里呢？我认为靠得住的成分是百分之九十五，靠不住的是五千多俩字还是少俩字。可见，敦煌卷子可以证明史书的记载，这些都是很有趣味的东西，研究古籍的人遇到这样问题高兴得很，所以，我做校录是比较用力的。

第三种是《道德经》以外的道家经书。佛教有个《大藏经》，是把佛教经典汇集起来的大书，故叫“大藏”。杭州大学有过一部《嘉兴藏》，是在嘉兴刻的，这是最了不起的《大藏经》，两三年前被中国科学院宗教研究所调走了。这部书，据我所知，在全国只有三个完整的本子，其他都残了。这部书是明末人刻的，先在南京刻，后来在苏州刻，最后在浙江完成，所以，取名叫《嘉兴藏》，本名叫《径山藏》，俗称《嘉兴藏》，其雕版大概早就毁掉了。道教也有类似的书，宋代开宝年间刻过一部道家的藏经，称《道藏》。《道藏》收的藏经，当然分量也很多，但是，我在敦煌卷子里边，细细地找，发现有《道藏》还没有刻过的道经，就此做了一篇文章，叫《敦煌本道教佚经考》，引起国内学术界的重视。校录工作只是初步的，我对道教并没有研究，只是校录，校出了这篇文章，成为大家重视的东西，也是我做校录工作中自己比较满意的东西。此外，还有韵书的校录，我用了四个本子：一本是拍摄的照片，一本是抄录的内容，一本是写的提要，一本是做了框格。韵书校录是我最早完成的敦煌学研究工作，汇集成了《瀛涯敦煌韵辑》二十四卷这部大书。校录中有很多很有意思的问题，如韵书卷子中有一卷，就是王仁昫那一卷，一个地方有一点胭脂，我很奇怪：为什么卷子上会有胭脂呢？问了很多人，都弄不清楚。我看过的卷子大概有六千多卷，没有发现第二个有胭脂的卷子。那时我在四川三台，和我爱人是两张桌子两块砚，她讲：这个东西是否有道理。从此我就注意了。翻了唐宋以来许多人的书，发现唐代宋代明代都有一个传说，说唐代长安有位女仙人，叫做吴彩鸾，每天晚上都要抄一部韵书，拿去卖给赴考的读书人，所以，吴彩鸾抄过若干部韵书。这番话假若是一个人写的，也不足为奇，但是，唐宋两代人都写，就连一生说话忠厚老实的欧阳修，在他的《归田录》里也说了这件事，就是说，他也相信这一传说。我认为有些道理，然后回想到这个卷子可能就是吴彩鸾抄的。于是，我着手研究为什么会有这个故事。我研究了唐代读书人的风气、唐代妇女的风俗习惯、唐代的考试制度，等等，写成一篇论文，就叫《吴彩鸾书切韵事辩》。大意是这样：唐代妇女的性格不像宋以后妇女那样软弱，倒是很精明强干的，肯定有这样一部分人，帮助丈夫出去考试，写一部韵书给他带去。唐代人考试一定要做诗，做诗一定要做长律，做长律背不了那么多的韵，要家里人帮他写一部韵书，带着进考场。所以，并不是说她每天晚上写一部韵书，每天晚上写一部韵书是文人好奇，故意扩充的，而是说有一个女人。这个卷子的字像女人笔迹，非常秀丽，不是男人手笔。唐代写经人很多，三万卷都是男人写的，都是和尚道士写的，只有这个卷子是女人笔调。所以，我就肯定这件事情是有的，不过，唐代人喜欢吹牛，所以，唐代传奇把稀奇古怪的故事传给大家，那时风气如此。确实有一个妇女写了这样一部韵书，给了丈夫去考试，流传下来就成为“女仙”。这件事情可以说明：我们每研究一样东西，一定会牵涉到若干问题。在我们文化史上要有一点发现是不容易的。抓住一个敦煌卷子，可以做一辈子工作。我有一位年轻朋友，让我给他选一个卷子，他研究了三十年，还不敢肯定。这个卷子是说一个庙子里的经济，今天某佃户借了几升米，若干年以后，这个人还了好多米；某人又借了多少银子，后来又怎样……就是这样一批账目。我叫他去研究唐代寺院经济同整个社会经济的关系，他写成了一篇论文，比较草率。我说你很多东西还不了解：你了解唐代的僧祇律吗？你了解唐代寺院里的田地是不纳税的吗？他又从头到尾翻“两唐书”，花了两年半的工夫，文章作了修改，结果还有较大的欠缺。我说除此而外，你还没有比较，应该拿这篇文章同其他材料作比较。现在仍在修改中。所以，我们在文化史上做一件对我们文化有所帮助的事情，真是不容易。真正要做好这样一篇文章，要花一辈子的精力。假如把这篇文章做好了，唐代整个经济制度里边最重要的经济组织部门也研究清楚了，这就是对我们文化史的大贡献。向达先生写成《唐代长安与西域文明》这部书，我很赞赏。后来，给他提了个意见，他也回了信。我说：你的书好得不得了，但是，我希望你在这里边选两个突破前人的问题，深入研究，使第二个人不能在你这上面添加一分材料，这样的文章写上两三篇就够了。他对我的意见非常赞同，他说：那么，你看我这本书还是本通俗书。我说我不敢说是通俗书，但是，我们更需要你做更详尽更精深的一两篇文章，我们没有第二个人能反驳你了，文章就算做到底了。

我研究敦煌学是如何开始的呢？七七事变的前两天，我从莫斯科经西伯利亚，过伪满洲国回到北京。我是逃出来的，那时候许多朋友劝我不要走这条路，和我同路的人有一个遇害了，我还好，总算冒险回来了。不过我带回来的东西在满洲里被日本人全部拿走了。幸而关于敦煌学的这部分材料以及许多考古学的材料没有带在身边，而是由一个公司给我寄回来的。到北京后，本来准备在北方教书，但是，情况不对，老朋友都劝我到南方来。就在我离京到天津的那天，卢沟桥事变发生了。天津站的站长也是我的老朋友，他要我赶快走，说这两天天津也要发生事情。因此，我赶快到南方来，不几天，果然卢沟桥事变又发展了，上海也开始抵抗了。于是，我带着从法国运回来的书和照片，在苏州一个小旅馆里，做起校书工作来。这与我搞敦煌学以及后来的发展很有关系，在当时条件下，这是我搞敦煌学的一个试验。我用国外所得的敦煌材料，同国内已发表的校对。第一件工作是校对刘半农先生的《敦煌掇琐》，对校的结果，使我无法继续下去。刘先生这部书原是中央研究院刻的，错误很多，仅S. 2011卷，即王仁昫《刊谬补阙切韵》一种，全卷共一千一百行字左右，可是，我校出来的错误竟有二千四百条之多。校完此书以后，我打定主意，将敦煌卷子里的韵书部分进行全面整理，这是我研究敦煌学的第一件工作。东北大学从北京搬到西安，我跟到西安；后来又从西安搬到四川，我又跟到四川。《瀛涯敦煌韵辑》的稿子就是在那里搞出来的，花了整整三年的工夫。全书分二十四卷，是郑振铎先生给我印的，他当时是上海出版公司的老板。我花了三年工夫，得到的收获是什么呢？我发现近来所有研究中国古代韵书的人基本上都用《广韵》这部书，原来《广韵》以前的韵书都亡佚了。我这部书刚好填补这个空白。

与此同时，我又写成一本《敦煌志》，由于分量太大，没法印出来。后来将总论部分改写成白话，单独出版，书名就叫《敦煌——伟大的文化宝藏》。这是我最早的成书，而《韵辑》是第二本。《敦煌志》除了总论以外，多已散失。为什么呢？我在西安时，把文稿寄往成都，不久就得到邮局通知，说有一条船在汉口至重庆之间，被日本飞机炸了。我寄出的文稿也蒙受大难，喂了鱼。后来我把留下来的零零碎碎的稿子汇集起来，收在《敦煌学论文集》中。《敦煌志》虽然早损了，可是，我至今念念不忘，因为它收集了敦煌卷子中关于文学方面的卷子（包括词、变文）以及历史材料、社会材料，是很费了一点工夫的。抗战胜利后，我到了上海，才看到日本大谷光瑞编的《敦煌文集》，觉得可补的东西太多了，所以，更惋惜《敦煌志》的亡佚了。将来有机会，我可能再补，但是，看看现在的身体，恐怕不大可能了，因此，希望别的同志能把这个东西补起来。体例、规格，都存在于我的心里，假使哪位同志愿意做这个工作，我把我的规格告诉他，我的材料也可以提供出来。

《敦煌学论文集》又是一本什么样的书呢？此书共收论文三十八篇，已交上海古籍出版社，不久就可以出版。集中收集了我所有关于敦煌学的文章，其中不少是专门研究，也有作为工具书性质的文章。譬如《敦煌学私议》，就是关于研究敦煌学的详细规划。“三录”即敦煌高僧的《名字录》、敦煌抄卷子人的《名字录》和敦煌的《寺观录》，根据“三录”，可以核对全部的敦煌材料。譬如根据人名可以断定卷子的时代；根据庙子的名字，可以看出这个庙子在什么年代存在；看见写僧的名字，也就知道这个写僧是哪个时代的。所以，“三录”可以帮助我们给卷子断时代。我们研究学问的第一件主要事情就是要弄清楚研究对象的时代，不然的话，这个东西研究出来，还可能有问题。《正俗字谱》说明在唐以前的韵书就有正、俗字了。将来我们搞文字学，可以根据这个字谱来分辨正字和俗字。《敦煌学论文集》里，至少有五分之一是这些工具书性质的文章。我可能还没有做完，因为我当时得到的卷子只有伦敦、巴黎和柏林这三个地方的收藏品，至于日本和苏联的卷子，我都没有见到。那么，将来研究日本、苏联乃至其他别的地方的卷子，也可以参考我的这些文章。

这个集子里专题性的研究文章约分两种：一种是关于韵书的考证；另一种是关于历史材料的研究。后者重要的文章有四篇，简述于下：

第一篇是讲敦煌王张议潮父子的事迹的。我根据唐代的资料及近代人的研究成果，替他们作了一个详细的传。

第二篇是关于敦煌王曹家几代人事迹的。我也替他们作了一个详细的传，而且还列了一个世系表。

这两个家族确实在我国历史上起过一定的作用。他们在我国的西北地区，同周围的兄弟民族接触甚多，在唐五代，中原没有受到什么干扰，可能与张、曹两家在敦煌那个地方看守大门有关。同我们的历史文化有这样大的关系的两大家族，应该详细给他们写传。

第三篇文章是《补〈五代史·方技传〉》。关于科学的史料，敦煌卷子里极少，不过，也发现了几个“历”。敦煌这个地方原来是自己颁历的，它有一个特殊的历法，作者叫翟奉达。我认为他是个了不得的人，于是就写了这篇文章。写成后，听说向达先生也在写这个人，于是，与他通信，问他是怎么写的。原来他是根据翟奉达的历史，来考证敦煌这个地方同翟有关系的人士以及当时的社会情况的。关于历书，虽然也说了一点，但是，没有我这样完整，所以，我们两人是可以互相补充的。我的文章，他想要，我就给他看了，结果佚失了。我很想恢复这篇文章，可是，老底子只有一些卡片，“文革”中又几乎损失殆尽。为了写成这篇文章，我曾翻阅了中国历代的若干历书、史书，从而发现翟氏编著的历书是很有特点的，以至宋代以后的历书都吸收了它的成果，故而，在中国文化史上，它是一个很重要的东西。所以，我努力补写了出来。

第四篇是关于文学的。在敦煌洞窟中发现了南朝宋代和尚智骞的一个残卷，他是用楚国的语音来读《楚辞》的，因而，他的这个卷子在国内成了大家注意的东西。最早研究它的是王重民先生，不过他只写了叙录，没有怎么深入。深入的是闻一多与周祖谟两位先生，他们两位的文章，当时我没有见到，到了解放以后，来到杭州，才看到。不过以前我虽没有读过闻先生的文章，但是，他给我讲过。那时，他在西南联大，我也在昆明。我的文章，他看过以后不大愉快，为什么呢？因为我的话同他的话许多是矛盾的，不过，他还是说：好吧！你说你的，我说我的。现在看来，闻一多先生的文章自有他的长处，他写的东西有我没有说到的，但是，我也有我的是非，因此，这篇文章我保留下来了。四年前，《社会科学》杂志创刊号登了我这篇文章，编辑加了按语，说我这篇文章提出了三个很重要的问题。但是，我以为还有一个重要问题，他们没有讲到，那就是智骞的这个东西，在唐以前被认为是个了不得的东西，吹得太高了。闻、周二先生似乎也是这样认为的，而我不但没有这样认为，反而几乎否定它。这不是什么创见，只是这个东西在做书的体例上给了我们很大的启发，同时又是我们后来研究《楚辞》的重要参考书。在这本书以前，人们都是以儒家的立场和观点来读《楚辞》的，到了智骞，他采用不同的学说，把《山海经》、《穆天子传》等奇奇怪怪的书拉来证《楚辞》，从而，在《楚辞》研究上形成了一个流派。关于这一点，《社会科学》的编辑同志没有讲到。

关于韵书，我的《瀛涯敦煌韵辑》有一篇文章，叫《切韵系统》，现在把它抽出来，收进《敦煌学论文集》。这篇文章说明了一点：我国已经亡佚了的《切韵》，在敦煌卷子中发现了，而且有几个卷子就是陆法言原书的抄本。这在研究声韵上是很重要的历史材料。不过，这部《韵辑》发表快三十年了，国内却很少响应，国外虽然有人响应，可是，也没有人像我这样重视它。我写好这部书以后，拿它同《广韵》核对，得出一个结论：《广韵》这部书是宋人杂采唐代诸家的学说凑成的，因此，其系统性和科学性都是不够的。说这个话是有点大胆的，因为有人迷信《广韵》这部书，可能会引出大的争论来。那很好嘛，要是我失败了，那就肯定《广韵》是了不得的书；要是我胜利了，那就说明我这部书是有用的。我有个脾气，就是我的学说希望有人反对，不希望人们完全赞同。反对不了我，我就成立了；反对了，你成立，这样学术上就有了一个定论。以上就是我的《敦煌学论文集》的简介，它是我研究敦煌学的第三本书。

第四本书是《老子道德经卷子的研究》。关于《老子》的卷子，我看到的几乎可以说完整了，日本和德国都没有这个卷子，只有法国和英国有。顶好的卷子是伯希和拿走的，伯希和这个人对汉学的研究很深，所以，他拿去的卷子都是非常精致的。我对他很讨厌，但是，又佩服他。为什么呢？他治学很严谨，书也读得很多。有一张他盗窃藏经洞的卷子时的自拍照：他蹲在洞窟里，面对许多经卷，正在蜡烛光下一件件地翻检……他告诉我，他拿去的卷子在所有敦煌卷子里几乎都是最好的。所以，我们今天研究敦煌卷子应该以在巴黎的卷子为基础。过去说这话是要招大祸的。

敦煌卷子的纸质、墨色、写的情况都有很大的差别。《道德经》卷子的纸几乎都是非常讲究的，特别加工过的，纸质硬实，至今一千多年了，拿出来还会发出吭喳吭喳的金石声。并且，每一个字都写得好，我们后来的一些字帖，就采用敦煌的《老子道德经》卷子的。佛教经典的卷子后面不一定有什么了不得的写僧的名字，而《道德经》卷后的写僧都是有名的，甚至有几个是高僧。这是件很特别的事情，和尚来写《道德经》，而且是在唐代儒、释、道三教斗争很严重的时候。其实，也不足为奇，因为唐代帝王自称是老子之后，关于这一问题，今天暂且不去论是非。但是，唐代帝王尊崇老子，会不会影响当时的寺庙呢？会不会引出一些捧场的和尚来抄《道德经》呢？我想是有可能的。因此，《道德经》的卷子抄得极好，校勘得非常认真，如果一个字有点小毛病，就用黄颜料把它涂掉并改正过来。除了儒经中有时有这个现象外，其余的经卷都是没有的。《道德经》的卷子数量不多。在敦煌也发现了其他道家经典，就写得马虎了。譬如《庄子》在六朝以后，常与《道德经》一起，而被称为《南华经》，就没有《道德经》写得好，纸差，字也差，校勘也差。《道德经》写得最好，除了上面所讲的外，大概还有以下的原因。唐太宗以后，道家的势力慢慢地大起来了，佛教内部腐朽的东西也越来越多，许多庙子里养起兵和娼妓来了。和尚骄横跋扈的情况，在唐代的文献中屡见不鲜，而道家却少见。道家兴起之后，绝对禁止这些东西，因此，民间对它的信仰还在，而对佛教的信仰则大大地减少了。这时，佛、道互相敌视，互相攻击。其实道教有许多是抄佛经的，其目的是让民间知道，佛教的那一套，我道教也有，从而劝大家不要相信佛教。到了五代末期，道教大兴，因而，当时《道德经》写得好，与佛、道自身的情况也是有关系的。

还有两项研究成果，也简要地说一说。一项是关于儒家经典的辑录与研究，我把重点放在《尚书》和《诗经》这两部书上。《诗经》的研究在我的《敦煌学论文集》里已有了一个提要。大体说来，现在所传的《诗经》，同敦煌本的《诗经》有很大出入。现在传世的本子收集了其他所有注家的注，使《诗经》好读一点；而敦煌本在语法上似乎不大相同，文字也很有差别。传世的《诗经》顶早可能是宋代的刻本，可能是经过宋人修改过的，而敦煌本的《诗经》和《尚书》的许多字比我们现在传世的本子好。但是，好尽管好，却不通俗。宋代人读《诗经》和《尚书》，可能看到原先的刻本，以为字太艰涩，便改为通俗字。这样一改就糟了。因此，我们可以根据敦煌卷子的《尚书》和《诗经》来校对我们现在所传的本子，这当中是大有文章可做的。《尚书》、《诗经》的敦煌卷子，国内学术界要的人很多，我有工夫就抄一点给他们，《诗经》卷子，抄给黄焯，《尚书》卷子抄给顾颉刚。但是，现在看到的顾先生关于《尚书》的论著，却没有引用，大概是篇幅所限的原因吧。将来我有精力，要填补这个空白的，假使精力不济，也要指导一个学生替我做下去。

另一项是《莫高窟年表》，即将由上海古籍出版社出版。原是七十万字的稿子，前面还有两百多幅图片，都是莫高窟最重要的图片。底稿是用毛笔写的，写得规规矩矩，如果哪个规模大一点的图书馆要的话，我就送给他们作藏书，因为我自己也没法子保存。这本书我原来打算把敦煌卷子里有年代可考的，按年代编排。这样一来就能很好地看出各个时代的风气，看出各个时代对不同经典的重视情况。譬如在唐明皇时，《金刚经》、《金光明最胜王经》是特别重要的，而它们在别的时代就不大重要了。这是我写这部书的目的之一。另一个目的是，把中国历史上同宗教有关系的材料补进去。譬如唐明皇时，儒、释、道三家是如何斗争的？我把历史上有关的材料找出来，附在唐明皇时代的敦煌卷子后面。如唐明皇自己给《金刚经》加注，给《孝经》加注，给《道德经》加注，显然是想调和儒、释、道三家，让全国在他的调和思想下安定下来。这些历史材料，我都附在有关的敦煌卷子后面。又如有一个卷子是王羲之那个时代的，于是，我就把王羲之的生卒年月，生平事迹以及他写的《兰亭序》都抄录出来，附在这个卷子的后面。又如某个卷子说某一时代颁布了僧祇律，就在它的后面把僧祇律的详细内容附上。又如某一个卷子为一个日本人详细考证过，我就把这些考证文章翻译过来，附在这些卷子的底下。这样一来，所附的材料很多，我想对了解中国的文化史是很有帮助的。但后来出版社的同志认为太复杂了，为了简便起见，于是就把这些附录全删掉了，只剩下一些敦煌卷子。《莫高窟年表》也就只有骨架，没血没肉了，书名也只得改成《莫高窟资料编年》。那些被删掉的附录，全部毁掉了。“文革”中，几次被抄家，连稿子也抄走了，看来恢复原样已经不可能了。现在我把这个被删的残本送到上海古籍出版社，今年即可出版。这本书现在只有一个用处，即作为工具书来用。不过用它时，要先查索引，看看有没有你要查的东西，然后再看看我的文字，这样一来，这一缺陷就可以弥补了。上海古籍出版社能帮我印出来，我得感谢出版社对学术的关切。

总之，我的研究成果就是这么几点，没有什么了不得的，比起我的同辈向达、王重民先生来，我不及；比起我的老师王国维、陈寅恪先生来，相差更远了。我这一生最大的缺点就是东一锄头西一棒子，撒得太开，到现在，我已经不大可能收拾了。不过好在我们的国家现在事事都向前走，将来的敦煌学肯定是有希望的。我现在只不过是一匹识途老马，这匹老马已经不能载重了，但是，这条路我曾经走过一段，所以，我可以告诉大家：这条路怎样走，怎样爬山、涉水啦……我力所能及的大概就这一点了。

第二讲　敦煌学在中国文化史上的价值

本讲拟从历史发展角度来谈一谈敦煌学在中国文化史上的价值。这个问题大体上可以分成两大段：第一大段是唐代以前，第二大段到唐代为止。唐以后不讲了。重点讲印度文化同中国文化的关系，如印度哲学到中国来以后，给中国文化一些什么影响，中国文化受了印度思想影响之后，成了一个什么样的局面，等等。

我认为中国文化史上有过三次大变化、三个时期。第一是春秋时代。从考古学上看，关于夏商周的历史记载差不多是比较正确的，夏商周三代一脉相承的文化到春秋结了一个穴。主要原因是夏商两代文化刚刚进入半文明社会，而它的发展是以黄河流域为基础的。这个黄河流域西起现在的新疆、青海、西藏，东到现在的山东、河北。周家本来是西方民族去的，它同夏家是有关系的，可能夏家是一个靠北方偏西一点，就是现在陕西、甘肃之间的民族。周这个民族就是陕西、甘肃之间的民族向东走的，到东方来之后，同殷民族交锋了，殷民族是东方民族。周家本身以夏文化为基础，吸收了殷文化。最重要的一点就是《尚书》中箕子为武王称《洪范》，这是历史上很重要的一个影子。我只能说影子，因为《洪范》有好多成分是真的，好多成分是假的，还不能断定，但确实是一个影子。《洪范》这篇文章把殷家的乃至于夏家的整个文化的重点几乎都说出来了。周家以后的文化大体根据《洪范》来，不过周人也有自己的特点。它的特点是什么呢？原来周文化总结了夏文化之后，承认我们人同自然的关系，并在人的关系上固定下来，它就是宗法。周家以前无所谓宗法社会，而是民族社会，或民族社会的早期。周家把宗法社会定下来了。宗法社会有两个很重要的连锁反应，它们又是统一的。一个是传子，即传嫡长为贤的继承问题，一个是财产遗传问题。夏商两代没有这两个问题。父亲死后，王位一定传给儿子，而且一定是长子，只有母亲是王后，才能继王位，假如母亲是妾，就是第一个生下来也不行。以天命关系定王位继承，继承以后，不管你是什么样人，好的，天下也算你的；坏的，天下也算你的。这样一来，家庭内部没有纠纷，国家也初步可以安定。譬如武王得了天下以后，传给成王，成王是个小孩子。国家初年纷乱得不得了，幸好周公把着他的关，所以后人说周家这些宗法制度的完成、政治制度的完成都靠周公。很可能他参加过重要意见。即使殷家的降虏同周家的不肖子孙勾结起来谋王位，也搞不下去。为什么会勾结起来搞呢？就是夏商两代并不一定传嫡立长，哪个有本事就哪个上来做。但是，周家只要你是嫡子，即使不肖之子也传给你。王位定了，内部无所争。王位定了，国家的财产归了你，所谓“家天下”。这个制度，在中国历史上形成了几千年来不变的局面。连周家分封的诸侯也是这个制度，国家成了天下的共主，叫大宗，诸侯成了小宗。但是诸侯在他的国家内，又可以自立为大宗，他的大夫便成了小宗；大夫要是有本事，得了封邑，也可以成为封邑里的大宗。层层下达，把天下统一在血统关系上，别人不能惊扰它。在中国历史上，周家天下最久远，同它有很大关系。在这个情况下，慢慢形成了儒家思想、道家思想、墨家思想等等。各人搞各人的，每个人都在周家制度下找一条路子走。宗法制度对民间风俗的影响大得不得了，一个父亲把家当挣了起来，假如有三个五个儿子在那里争吵，是不得了的。所以国家宗法制度行到民间来之后，成了民间风俗的样本。总结这个历史过程是在春秋，春秋最重要的人物当然是孔子和老子。一个儒家，一个道家，把中国文化吸收在他们的学说里。孔子提倡人伦，即五伦，老子宣扬“毋争”。“毋争”对人们有很大的影响。老子时代正是春秋战国争执得最厉害的时候，所以，老子提出不要争，以柔弱为做人的基本，以不争为做人的方法，来求得安定。孔子把宗法制度总结成儒家的人伦制度，形成儒家的道德范畴，它以君君、臣臣、父父、子子的名分做基础来安定社会。封建统治阶级很自然地吸取儒家思想，使它成为社会组织的基本原则。道家思想则被一些成年人奉为一生行事的规范。这两个思想构成了中国文化的两个最大的思想体系。这是第一点。

第二点，儒家发展到汉代更盛了，主要原因是秦始皇统一天下和汉武帝罢黜百家。所以，汉武帝罢黜百家表彰六经之后，纷杂的思想不讲了，汉家从高祖起强调以孝治天下，这两个东西成了汉代立国的根本。这两个东西调和下来之后，成为汉家的主要政治措施，也是民风的趋向。到了汉武帝以后，突然发生了一种反面思想，就是昭、宣、元、成之后突然间有所谓今文之学出现。原来汉武帝罢黜百家之后，百家之学在朝廷站不住脚了，全部逃到民间去躲藏起来，根据他们今文家的传说写了许多书，即所谓谶纬之学。谶纬之学大大兴盛，几乎把高祖所定的规模全部搞掉。但是，儒家在武帝支持下，已经大大发展，而儒家经典也已普及全国。因此，儒生起来同今文家斗争。今文家自己也说得自孔子，不过，他们自己也承认，孔子说的关于国家政令的东西，他们没有看见。从此，今古文斗争开始。倒也奇怪，武帝以后，尤其在宣帝时，渐渐地黄老之说出来了。道家清虚自守，于是，做皇帝的也清虚自守，让天下安安静静地过太平日子。今文家同道家有许多地方相类似，是否偷了道家学说，我不敢断定。今文家从天文、宗教、迷信等许多方面来笼络人心，并且在昭、宣时期几乎达到了目的，但是，势力还不大。所以，等到光武起来以后，反对谶纬之学，今文学垮了，然后古文学兴起来了。汉家政治思想、民间思想仍然恢复到儒家的人伦制度去。到这个时候要变了，东汉时期，佛教已进入中国，渐渐地中国士大夫和民间受到很大影响。但是初来的并不是释迦牟尼的真宗教，而是印度老的宗教，他们用各种方法宣传佛教。汉代读书人尊重老子，所以，汉末、魏晋之间，道家学说大盛。嵇康、阮籍不用说，甚至谢灵运、陶渊明也有道家思想。但是佛教学理还没有广泛地传进中国来，最重要的经典也没有完全进来。这时候，有位平阳人，是山西平阳，不是浙江平阳，叫法显，是个和尚，俗姓龚。他同另外两个人到印度取经，成为中国第一个到印度取经的人物，前后大概八九年，回国后，写了一部《佛国记》。这是一部世界上关于旅游的最早最大的书，可惜亡佚了。他把印度的戒律《摩诃僧祇律》翻译了出来。印度哲学分三大部分：

经、论和戒律，戒律就是讲怎样修养自己，到唐代就成了十戒，中国从此有了戒律。于是北方和尚，每个人都学戒律，成为高僧大德，品德极高。这里有段插曲：法显坐船回国，被漂到美洲，到了墨西哥，所以是中国法显第一次发现美洲，并不是哥伦布。他发现美洲之后，一看不是中国，就坐船回来了。这件事，《佛国记》里有，然而记得不详细。现在，墨西哥发现了很多法显所留下的遗迹，法国人研究得最精细，我们中国还没有人研究。日本也在研究。有本《西游记》，过去商务印书馆把它译了出来，现在买不着了。要是在旧书店里看到了，赶快买，这本书同中国文化的关系太重要了。他发现美洲以后，美洲才开发出来。现在墨西哥的许多民情风俗，与我国近似，这是法显起了作用的。他把中国文化带到美洲去。这是插话。也是从法显开始，中国到印度取经的人慢慢地多了，印度的大德、大僧也不断地到中国来了，大的经典也带来了。中间关系最大，唐代不说，唐以前应该是鸠摩罗什，又叫什公、罗公。他来中国以后，中国才有三论宗的东西，所谓三论宗即是讲《十二门论》、《百论》和《中论》三部经的，实际上它是一般逻辑学和我们认识论的结合。到这时候，我国的哲学思想更系统化了。这件事非常重要。我国有讲逻辑学的，旧叫名学，没有印度名学那样细密。名学同认识论结合以后叫因明学。前些时候，报上登载我国成立因明学会，在花大力气研究，据我所知，宗教研究所去年开始大力准备。假如因明学成果拿出来，逻辑学是要大改变的。

在他以后，印度的大经一样样进来了，最重要的有几样，一是《法华经》，属天台宗。智觊大师，隋代初年在天台落锡，讲《法华经》、《大智度论》、《涅槃经》。他把《法华经》疏讲出来，加注，一段段、一个个字地讲，讲得很清楚，成了中国佛教最了不得的宗派。这个时候，中国佛教宗派越来越多，除法华宗而外，同我国文化有最大关系的还有唯识宗，讲《成唯识论》，所谓万法唯识，把知识这个问题提到最高点。它从唐初开始，到现在还是大的宗派。这是中国自己创的派，近代浙江许多学者都是讲唯识宗的。所有唐代政治上的人物，要么是天台宗，要么是唯识宗。所有宗派在唐代一一发展起来，得到印度最高经典之后，天台宗让我们的哲学更系统化了；三论宗让我们关于逻辑学和认识论有很大发展；唯识论让我们对知识领域的认识广博了，不但对人的认识广阔了，对物的认识也广博了，判断物的知识也准确了。还有若干宗，对文化史，尤其对知识分子的影响极大。大体说，北方学人受戒律影响，做苦行头陀，如到印度取经，把佛教传到日本、朝鲜去。可是，南方这帮人，受了三论宗、唯识宗和天台宗的影响，大家都研究学问，不一定做和尚，在家做居士。这些居士学问高深，中国很多学术问题都在他们范围里磨炼。而且，南方大德往往拿儒家、道家经典作比较研究，比如熊十力先生，是研究唯识论的大师，可是，到晚年读儒书，否定佛教，以为佛教还不如儒家道理多，儒家才真正把人世看透了，佛家还没有，只是把人世组织看透了。于是，写了一本《新释儒》，讲儒家的道理。南方高明之士常常最后回头，要么是读道家书，要么是读儒家书。比如陶渊明，最后还是儒家，他同慧远、谢灵运关系这样深，为什么不进佛家去？他穷得要死，“饥来驱我去”，跑到人家去敲门，要一点吃的东西。慧远说：你来好了，我这里吃的东西多得很。他再也不去。为什么呢？陶渊明到最后还是儒家思想。所以，道家思想也好，儒家思想也好，等到佛教最高经典来了，三家经典互相砥砺。明代以来，清代三百年来，佛教在中国，虽然影响很大，但是最大影响还在于讲礼，真正苦行头陀不大有了。明代以后不大有了，清代很少很少了。倒是讲道理的大儒有好些进了佛家，然后又出来，回到儒家。譬如章太炎先生是个讲儒学的，他是革命家，几次坐监牢也不怕。在革命中，他写过一篇文章，叫《集舍论》，讲佛教的最高境界。但是，晚年还是回到儒家来。所以印度哲学传到中国，同儒家思想、道家思想互相磨炼，越磨越显出儒家的光彩。这件事，我不是要提高儒家地位，我只说中国人有自己的文化。中央领导同志提倡中国特色的“四化”，这个话是很重要的。什么是中国特色的“四化”呢？就是要符合中国的国情。中国人做人有一定的方法，你要合得上我，我跟你走，合不上，不跟你走。这是中国文化的最大命脉。从许许多多实象看来，我们的文化大流是，不管什么东西进来，都得中国化。印度哲学到中国以后，成立若干派，很多派是印度没有的，到中国才成立的，详见梁任公《中国佛教概论》。假如民族要有性，到这个时候才能说是民族性。中国民风一般来说比较淳朴，这是同世界各民族比较而言的。淳朴同儒家、道家思想有关。我们人民是外柔内刚的，外柔从道家来，内刚从儒家来；儒家要求事事向前，道家要求事事退让，二者调和起来，自己主张是不会放弃的。但是他不同你斗争，而同你竞争。儒教的思想是柔顺的，因此，道教同儒家可以结合，佛教同儒家不能结合。到了唐代，三教结合，其结果是人民道德偏于柔顺，偏于弱，这一点鲁迅先生也说到过。

到这个地方，算是中国文化的第三次大变动而得到一个最大的结局。佛教进到中国来，最早在魏晋时候，渐渐地起来了，隋唐时代，是慢慢地兴盛了，到唐的末期是大盛了。佛教大盛以后，刚刚是儒、释两家斗争最激烈的时候，尽管统治者要想利用佛教，有许多士大夫也想利用佛教，但是老百姓是不大容易相信的。结果是，佛教慢慢地开始出现了衰落现象。在最兴盛时候的唐代末期，如韩昌黎，一个以儒家道统自居的人，尽管他反对德宗迎佛骨，可是有一次上高山，不敢下来了，胆子小得不得了，是一个和尚把他接下来的。这就是说我们读书人心里还是有一个把握的，这把握在哪点呢？在于做人的基本方法是儒家的，有时也愿意用佛教的东西。

我们把上面这些话做个总结：我们中国的文化，一共经过三大变化。从思想来讲，第一个大变化约在春秋战国时期，变化结果集中在三晋和齐鲁（所谓三晋就是现在的山西、陕西；齐鲁就是现在的山东）。周秦诸子都是三晋齐鲁的人，孔子不必说，法家也是三晋的；道家，虽然说老子是楚国苦县人，即现在的南方人，但是，苦县也是靠近北方的。所以说是以齐鲁、三晋为基础的。楚国的文化到了汉代以后，我国文艺方面的东西全部是吸收楚国文化的。汉家统一以后，汉高祖是楚人，所以他非常喜欢楚国的东西。他在长安割了一块地方，搬些人住到那个地方去，这就叫“实关”。尽管他这样做使楚国的文化在汉代的文化史上起了很大作用，但是汉代的政治制度，仍然是抄袭秦国的。所以汉家也是调和派：一方面政治制度用秦国的，一方面艺术文化思想完全是道家的。所以，秦始皇同汉武帝是第一次变化中关键性的人物。秦始皇统一了中国，这是中国在政治上的第一次统一，真正的第一次，周家还不算真正第一次统一。汉武帝罢黜百家、表彰儒术，是思想上的统一。不过话可说回来，秦始皇焚书坑儒，“国家图书馆”所藏的书并没有焚。汉武帝罢黜百家，百家倒是罢黜了，儒家经典是上来了。但是，汉家刘向、刘歆父子整理国家图书馆的资料，并没有把道家的东西拿掉，九流——诸子百家称为九流——也都纳了进去。这个时候佛教还没传进中国来，要是已传进中国的话，我们相信刘向、刘歆父子也会把佛教经典放进去的。所以，不管怎样，秦皇、汉武在中国历史上是关键性的人物。这是我们第一点的总结。

第二个大变化，关键性的事情发生在汉的末期。汉的末期今文学衰落了，古文学起来了。古文学是什么呢？古文学是汉以前受儒家影响的一些民间学说。第二次大变化形成社会风气安定、社会仁义道德基本完成的局面。这种仁义道德成为中国封建文化的一个根本。印度文化到了中国，于是乎第三变开始。中国的儒道两家同佛教交融、争吵，吵到唐代明皇时，没办法了，三教论衡，唐明皇只好三教调和。唐明皇还是儒家。虽然表面上是把佛教的《金刚经》注了，把道家的《老子》注了，可是他的主要目的还在儒家的《孝经》。因此中国文化的第三变是儒家思想同道家思想结合起来同佛家思想斗争，抵制佛家。因为有这种抵制，所以佛教在中国衰落了。唐以后的我们不讲了，因为我们是为敦煌说的，不是为整个中国历史讲的。这个第三变成功以后，我们中国人民的文化根基是在国本、国骨上稳稳沉沉地扎了很深的根，这是个大的特色，唐以后大概也跳不出这个圈子去的。因此，我们把上面这些话结合敦煌来讲。敦煌保存着儒、释、道三家最重要的典籍。这是和尚庙，和尚庙里都要有许多佛教经典，是理所当然的。但是一个和尚庙里除了佛教经典而外，还有大量的儒家经典、道家经典，而且儒家经典、道家经典在和尚庙里是这样地被重视，用最好的纸来写，最好的笔墨来写，最好的书手来抄录，这是一个矛盾，可又是统一的，统一在文化的统一之上。因此，整个敦煌文物，经卷也好，不管什么也好，我们要研究它，要认识它的话，要从整个中国文化来看。从整个中国文化来看，敦煌替我们保存了我们文化里边的宝。最重要的宝，保存得太多了。道家经典、儒家经典几乎都保存了，中国的一些知识也在里边保存了，中国社会的一些现象也在里边保存了。我们兜了这样大的圈子，顶顶重要的，是要说明敦煌文化在中国文化史上的价值。

再就是敦煌的艺术。敦煌的艺术品当然是以造型艺术为基础，譬如塑像、壁画。它的塑像、壁画都是从中国本土去的，并不是从印度来的，不过掺杂有印度的艺术成分在里边。中国早已有塑像了，而壁画，现在我们敦煌所有的壁画——我们去参观过的同志就可以知道了——全部是用线条来勾勒的，没有哪一幅壁画里边有像欧洲画那样是染的。中国艺术史上有一句现成话，叫做字画同源，即写字的方法同画画的方法是一个来源。因为中国的字就是线条字。当然欧洲的字也是线条字，也是用线条写的，可是欧洲字的线条，譬如说英文字母只有二十六个，那是些有限的线条。中国文字的线条很多，我们现在看见的字，譬如说我们看“楷”字，看看怎样写法，看狂草，所谓的狂草，那也是线条。不仅如此，古代的东西亦复如此，看先秦甲骨鼎彝上的字，也是线条。这些线条字有些写得很奇怪的，可以根据线条画成艺术的东西。譬如在战国末期南楚的铜器里边，有许多字，多加一点，多加一个鸟的头，就是鸟虫书了，多加个虫的形象，然后把这个字写在鸟虫当中，这个东西和线条作为艺术品使用了。不过这个问题，我不想再讲，将来王伯敏先生要来给我们讲的。这里我要讲另外一个问题。在敦煌里边似乎看不出什么表现来的，就是音乐这件事。我们敦煌里边所看见的音乐只有一点儿，就是图片、画，那些舞、奏乐，顶大顶多的乐器是琵琶同笙。这些东西到底怎么吹奏，我们不知道。最近陕西、甘肃两省都在努力恢复唐代音乐的情况，他们做了许多很好的工作。历史的发展并没有断，根据我们后代的发展推断唐代的东西是可以知道的。音乐在我们中国文化史上有很高的地位，我们这个民族所以能够南北交融，是两样东西，一个是语言，一个就是音乐。当然文字是一个，但文字是代表语言的，所以文字我们不再说了，只说语言。语言，使中国民族能够凝结在一道。南方人到北方去，听见北方人的话也懂；北方人到南方来，听南方人的话也懂，当然很多方言我们不懂。不过一般说起来，生活是能够交融的。至于音乐更不得了了，南方的乐器，北方样样都有。以我们云南边区来讲，云南西双版纳的少数民族音乐是很兴盛的，它的乐器没有一件在北方找不出来的，音乐也是统一的。音乐的统一，对于我们民族的关系是很大的。我在西安待过，听过陕北民歌，有声音非常雄壮的，有声音非常柔美的。柔美音乐就像苏州人唱的，壮丽的声音就像东北人唱的。所以说音乐的方法是相同的。我们把唐代声乐所有的材料搜集起来看，《新唐书》的《礼乐志》里讲到唐代国家乐队里也有叫十部伎的，共有十种，叫做十部。有燕乐，有清乐，这是中国的旧乐，中国的旧乐就只这两部。其他八部都是西北的，都是印度来的。这就是西凉乐、天竺乐、龟兹乐、安国乐、疏勒乐、康国乐、高昌乐，另外还有个朝鲜乐。所以唐代国家乐队十部里面有八部是外国的，中国乐舞只有两部。不仅如此，拿现在我们所流传的音乐来看，有些同印度的关系非常密切。譬如现在的民间音乐里边，上、尺、工、凡、六、五、乙，上、尺、工、凡、合、四、一之中，上、尺、工、凡、合、四、一，就是Do、Re、Mi、Fa、So、La、Si，但是另外还有一个六、五，这两个音，西洋乐器里没有，民间乐器里有，中国的民间乐器里就有六、五这两个声音的。印度的音乐里边有九个音阶，我们现在的民间乐器里边，上、尺、工、凡、六、五、乙，六、五、乙这三个是特殊的，上、尺、工、凡、合、四、一是普通的，这都是印度音乐，与中国音乐是完全相合的。中国自己的音乐，所谓雅乐，十二个调，除了几个半音，也只有七调了。雅乐的十二调，燕乐的九调，同印度的音阶，同印度音阶的尺谱，同我们的工尺谱，这里作了个表，可以看出，很多很多的东西都是从印度来的（见附表）。它同我们民间的风俗这样地配合，倒也是奇怪的。过去我们不能解决这个问题，为什么印度的音乐进来有九个音，会和我们的音乐这样地合得上？解决不了。这两年我们解决了。怎么解决的呢？就是在湖北的曾侯乙墓里边的编钟出来以后，有十二个调子。在全世界音乐的乐理当中，没有再比中国这个曾侯乙墓中编钟的调子复杂了，那就说明这是我们中国早有的呀！不过汉、魏晋南北朝已经不大用了，到唐代恢复了，我们和印度一比是一样的。所以最初有人说，我们中国艺术本体是从印度来的，现在已经有人开始做翻案文章了，说音乐是中国去的。我们认认真真做研究工作，这个话还是要慢慢地讲，可能是中国去的。不管当时怎么样，在敦煌里边虽然没有发现太多的资料，只看见他们用的乐器，有几种乐器在我们这个十部乐里是有的。这十部乐很奇怪的，就是鼓这个东西，印度的鼓比我们多九种，实际上，这不过是就国家所承认的鼓而言，民间不然。民间就以我所在的云南来讲，云南西双版纳的鼓有六种，昭通的鼓有四种，这十种鼓都是不在经典上的，额外的。譬如我们中原没有拿手敲的鼓，都是拿根棒棒去敲的或是拿着拴些线线摇的鼓——打郎鼓。可是我们昭通就有拿手敲的鼓，很简单，拿一个厚点的竹子，外边蒙个牛皮子，猪尿泡，就用手敲了，就是乐器，这能入乐吗？所以许许多多印度的东西到了中国来以后，并不一定被国家所采用，但是同民间音乐是一样的。因此，我们可以说，敦煌里边所看见的乐器，在唐代的十部伎里完全有的。这些东西在中国虽然没有了，虽然从印度来，但是拿它的乐理来看，中国早已经做过了，这是民俗音乐加入国家音乐的现象，不足为怪。因此我们说，印度舞到中国来，壁画里边

附：燕乐宫调理论系统表

（1）振动数比								1		$\frac{8}{9}$		$\frac{81}{46}$	$\frac{4}{3}$		$\frac{3}{2}$		$\frac{27}{16}$		$\frac{243}{128}$	$\frac{2}{1}$					
（2）雅律								黄(circled)	大	太(circled)	夹(三角框)	姑	仲(circled)	蕤	林(circled)	夷	南(circled)	无(circled)	应	潢(circled)	浃	汰	汰		
（3）燕律										黄	大	太	夹	姑	仲	蕤	林	夷	南	无	应	潢	浃	汰	浃
（4）印度音阶								Ni		Sa		Ri	Ca		Ma		Pa		Ɑ ha	Ni		Sȧ		Ri	Cȧ
（5）印度音阶半字谱								1		$\frac{8}{9}$		$\frac{5}{4}$	$\frac{4}{3}$		$\frac{3}{2}$		$\frac{5}{3}$		$\frac{15}{8}$	$\frac{2}{1}$					
（6）半字谱										△	㋮		㊀		リ		∧	フ		⑪				あ	ろ
（7）工尺谱										合	下四		下一		上		尺	下工		下凡		六		五	一五
d²	正工	二	宫	徵	Sa	黄	△			正宫沙陀调	高大食角		中铝调							越调					
						大	㋮				高°宫					正平调平调									
e²	五脏六	三	商	羽	Ri	太	マ			大食调			双角												
f²	四脏六	三			Ca	夹	⊘				高大食		中°吕宫												

不说了，壁画里边是有阿旃达的。譬如印度人画的释迦牟尼佛涅槃，睡在那个地方，围着释迦牟尼佛的人，都是高个子，大个子的，但是一个释迦牟尼的全身，在他前前后后围着几十个人，天下没有这样大的人，到中国以后，释迦牟尼佛的样子变了，变成中国人的样子了。

顶顶有趣的，就是四川大足，敦煌而外，大足石刻可能也算头等的了。大足石刻的菩萨，穿四川人穿的草鞋，到中国来以后就自自然然加上那中国文化在上边，大足佛像有许多面孔就是四川人的面孔。这是为什么呢？每一种文化到了一个新地方以后，一定要同它旧的、本地的文化相结合，结合以后产生新样子，就如此而已。敦煌壁画里边，还有演奏琵琶这个样子，印度演奏琵琶都是横抱着的，而中国的琵琶是直着演奏的，演员遮着半边脸，这样子弹的，印度人是这样子奏的，也有在背后奏的。在背后奏的，中国没有，奏的方法还是中国化，琵琶还是那个琵琶。中国同印度的交流是很细腻的，我们要花大力气才能解决得了。但是我们到现在为止，以我这个水平，已经知道唐代的十部伎里有印度的东西，唐代的音乐里边有若干是同印度有关系的。说不定三年五年之后，国内再发现东西，都是说明中国同印度关系的。这是单就音乐这件事来讲的。拿全部艺术来讲，它同中国画的关系大得不得了。壁画，我刚才说过了，是以线条为基础的，这是与中国的字，写字的方法相同的。而敦煌壁画所画的一切人民的生活表现，没有一样不是中国的。譬如屠宰、狩猎、耕田，耕种方法、骑马的方式，都是中国人的。使我最感兴趣的就是它的厨房，厨房里的用具没有一样是印度的，都是中国的。这说明，一种文化到了另外一个地方，要是能适合这个地方的某些需要，人们就采取了，不需要就不采取。因为印度人吃饭不是拿筷子，是两只手抓的，因此他用不到这些东西，我们是拿筷子吃的，所以我们除了用这个筷子以外，还有各式各样的调羹。印度人就一个盘子，饭也放在里边，菜也放在里边，用手抓了吃，我们没这个习惯。因此，厨房里的用具与我们完全两样。我们现在一看，很多很多的东西，民间都存在，在我们古典文学里边，在我们古典记载里边也存在，那就是说，可以证明我们的文化在敦煌表现得很多。还有一件事情——服装。服装是表现一个民族特点的。在敦煌的服装里边，尤其是妇女的面饰——我前次讲过了——女人家脸上涂的脂粉多得不得了，我们只知道是涂白粉和红胭脂，可我们古代有时是涂黑的，是有这种现象，我们在敦煌的壁画里看见，有涂黑粉的，有涂黄粉的、白粉的、蓝粉的，脸上贴了很多花黄。尤其是额角这个地方，一是点个大红珠珠在这个地方，然后下边贴上一些花花：牡丹花、菊花等等；还有贴鸟的，有名的鸟都贴上来。我们读唐宋人词，这些记载一点也不明白了，但我们在敦煌里边看得清清楚楚的。这些东西在汉代，在汉人的古诗十九首里，很多东西找不出证据来了。在敦煌壁画里找得出证据来。当然，从这些地方来看，敦煌是同中国画有关系的。但是我们还要推究一件事情，为什么敦煌文化有这样的重要性呢？这就要从历史的观点来看了。中国历史上有个现象，就是每个朝代当它兴盛起来以后，都是求佚书于天下，派人到处去搜集书籍。汉惠帝即位后就下诏收集天下的佚书，所有的书你们都送到京师来，有的皇帝出最高的价钱收买。所以中国，一向是重视文献的。可是尽管重视文献，秦始皇统一中国的第一件事情就是把儒家经典烧掉，这是中国文献的一个大祸。王莽篡汉，于是乎京师大乱，所有刘向、刘歆父子所整理出来的那些国家图书馆所藏的书籍全都毁掉，这是中国文献遭受的第二个大灾难。以下多了，董卓也把咸阳的东西烧掉了，这类事情还多。每个朝代皇帝上台后都想尽办法收集书籍，花了很大的力气收集起来，到了后来不是遭兵乱就是遭火烧。唐代也如此，唐太宗继位自己访书，到唐明皇时国家图书馆收藏着三十九万多册书籍，不少呀。安史之乱，全都毁掉了。所以中国历代皇帝费很大的力收集起来的书籍到最后往往经过一个大的兵乱灾难，全部毁掉。

几千年许多许多文献就这样子毁掉了。然而敦煌保存得很好，完完整整的。这在中国历史上是第一次的。第一次这样大规模地保存着，中间主要原因有两点：一点，敦煌不是京师，不是灾难所一定要达到的地方，它躲在僻远之处，因此它的东西可以完全保存。这就是敦煌文物所以能保存的地域上的条件。还有一个条件就是敦煌这个地方很特别的，莫高窟山上的沙子是非常好的，凝固得很，好像我们这个地方黏土一样的，水滴不下来，风沙吹不进去，就这样个地方。顶顶奇怪的就是在它隔壁的三危山，沙淌淌的，外面风来又堆上一层沙，戈壁一阵风来又把沙吹掉。莫高窟没这个现象。所以莫高窟好像是天生来——这是迷信话呀——保护我们文物的地方。这些洞干燥，书籍绝不会被水伤，潮气是没有的。所以千多年来，一千二百年，最早是晋惠帝的东西，差不多两千年的东西，还保存得这样好。敦煌地理给我们如此优越的条件。敦煌那个地方是很奇怪的，天生一个奇怪的地方，绕着敦煌边边都是大沙漠，只有敦煌是一片绿洲，进玉门关的第一站。在大沙漠里旅行，大山底下旅行，忽然见到一片绿洲，人是开心得不得了的。所以印度来的大和尚都一定在敦煌待下来，待个一年两年，把身体养好以后再走。天给我们一个好的绿洲保存我们的文化，而所有保存的东西无论什么都是完全的，什么东西都有系统，所以我们现在将研究敦煌所有的东西的学科称之为“敦煌学”。这个“学”字是什么意思呢？“学”就是说一种东西是有系统的，有原始发生、发展到衰落的次序的，就叫做学。敦煌就是这种东西，就是学。敦煌所有的资料，卷子也好，壁画也好，塑像也好，每一样东西都可以作为我们文化的一个见证。我简单举个例子，譬如说敦煌的建筑，中国古代的木建筑样子的保存，我们把宋人写的一本讲中国古建筑的书《营造法式》所说到的古代建筑木结构的情况与之相比，敦煌里边都可以发现。比如我们的翘，《楚辞》里边的翘，就是板翘角，板翘角只在中国建筑里边有，而且只有木构筑有，石头没有办法翘的。但木结构建筑有个顶大的缺点，它没有办法展开得很大。中国建筑学里就有一个展开很大的方法，它就是斗拱。许多斗拱加呀加呀，一层一层的斗拱可以把一个建筑扩大到很大。这个东西在敦煌里也可以清清楚楚地看出来。因此呢，无论讲什么，无论讲哪一样学问的人，都应当到敦煌去细细地观摩两年。讲木构建筑的，你去看看敦煌的木构建筑，看看敦煌的壁画。你是讲衣冠制度的，你也到敦煌去看看，什么都有。因此我们讲，敦煌这个学科现在国家这么重视，这是有来源的。我们敦煌学这个课题，以后恐怕是会大幅度发展的。

第三讲　敦煌经卷简介（上）

详细分析卷子是太费时间了，所以，只能来个“简介”。名为“简介”，还有一层意思：即限于巴黎、伦敦和北京三地所藏而言，至于日本、美国、苏联这些地方的藏品，没有论及。本来应该把它们放进来的，但是，我实在不能够了，因为年老体弱，眼力也差。不过，英、法和我国北京藏的卷子占全部卷子的绝大部分，作个“简介”，也大体差不多了。下面分七个部分来谈，先说佛教经典的情况。

一　佛教经典

根据三地的收藏，不管是经，是论，是律，三部分都有了，并且似乎完整了。怎么叫完整呢？就是说，大概各个宗派的东西都有了，不仅大小宗派的东西都有，而且同大小宗派有关系的语言文字的东西也有了。譬如说，一卷佛经正面写的是佛经，背面往往写着这个佛经的原文，也就是梵文，或者是窣利文、巴利文等，我们据此往往还能探索这个东西是从哪里翻译过来的。从这个地方，我们大致可以得出一个结论：敦煌所藏佛经可能是最早的译本，因为它把原文录上了。不过，这个问题还有待于我们研究工作的进一步展开，才能最后定论。现在只不过透露一个方向性的消息而已。

以我所见到的三地收藏的佛经卷子，与现在流传的佛经比较，很多已经亡佚了。日本人的《大正藏》把这些东西大体上已经收进去了。可以说，敦煌的佛经，在我们国内已经亡佚的东西，已经有人整理了，这是应该知道的。

还有一点，敦煌经卷主要是写本，大都有抄写人的姓名、抄经的时代背景材料等等。另外也有刻本。刻本大概始于唐代末年，唐德宗以后有了。写本同刻本的差别似乎相当大，可能是修改的关系。刻本除了刻佛经以外，还有刻佛像的，这也是中国文化史上的一件重大事情。我国印刷从什么地方开始，从什么年代开始，是很重要的事情。

写本也好，刻本也好，总的看来敦煌所藏经卷大体始于魏晋，终于五代末期。按年代讲，经历五百八十年左右。

在全部经典中，有非常重要的，也有次要的。什么是非常重要的？就是同我国文化有关系的，同我国民间有关系的，这些都是我们应该了解的东西。所谓重要的，是各宗各派的东西。譬如我们要研究浙江的天台宗，天台宗的三部经都有，尤其是天台宗的重要经典《大智度论》。又如唯识宗，不但有《成唯识论》，而且还有《成唯识论大疏》。唐代已经开始作疏了。又有瑜伽宗，有《瑜伽师地论》。总之，各宗各派的主要经典都有了。假如把它排比一下，大概有十几种经典是最重要的，它们就是《维摩诘经》、《胜鬘经义》、《大般涅槃经》、《妙法莲华经》、《大方广佛华严经》、《金刚般若经》、《大智度论》、《金光明经》、《大比丘尼羯磨经》、《十地论义疏》、《大集经》和《摄论疏》等，这些都是北魏以前的东西。北魏以后，也有十几种，主要有《大乘起信论》、《观世音经》、《佛说普贤菩萨证明经》和《大方便佛报恩经》等，这些是唐代翻译的。五代翻译的有《佛说光明经》、《佛说无量大慈教经》和《佛说延寿命经》等。从而说明敦煌的佛教经典的确是一个完整的东西。我们看一种佛经的写本多少就可以知道这部经在唐五代时跟民间的关系怎么样。譬如《维摩诘经》是在所有发现的唐代卷子里最多的一种，而《大般涅槃经》和《妙法莲华经》也多得不得了。它们都是那时民间所爱好的。人们求佛免灾，甚至替父母、丈夫、妻子和儿女求佛，这几部经都在抄写之列。研究唐代佛经，这个问题也很重要，也应该知道。

统计写经的多少是饶有趣味的。三地所藏到底有多少，这个问题我们应该知道。大体说来，共有七十多种，至于卷数就很难说了，因为现在发现的敦煌卷子往往是不完整的，而且我们也不敢补。譬如《金刚经》两卷，是不是就只两卷呢？很难说。种数大约七十多种，卷数不敢估计，这是我要讲的第一点。

第二点，我想讲讲佛经同我们文化的关系，这是重点。佛经有几件事同我们的文化有非常大的关系。第一件是异族文字，就是前面说及的，每部而不是每卷都是这样。不少经卷正面是译文，背面就是这个译文的原文。这些文字别处是看不到的，譬如说民间最流行的《金刚经》有十几种文字的写本，但是，在国内，原先找不出两种来，而敦煌发现的《金刚经》，卷子背面却有很多奇奇怪怪的文字。这些文字可以说明我国与外国的文化交流。不仅如此，甚至于中国佛教、道教、儒家经典同外国文化的关系怎样，也在里面可以看出来。因此，佛经卷子背面有外族文字这件事情确是文化上的一件重要事情。这些文字，有许多连外国也没有了。譬如窣利文，懂的人在全世界也不过几个人。敦煌经卷不仅有窣利文，而且还有巴利文等多种。借助敦煌卷子，有的民族才发现自己的古文字是什么样子。敦煌学在全世界为什么会引起这样大的关心来？我想这恐怕是个因素。每个人都愿他祖先的文化有个好的历史记载，他们找不到这种材料，但是，中国有，这样一来，中国的材料就至贵了。所以，外国人现在天天想办法购买敦煌卷子，现在北京，它们的价钱高得不得了。这是最贵的文物，没法子估价的。整个人类的历史都在敦煌，它为什么不至贵？敦煌卷子里存在外国民族的文字，是我们很宝贵的一样东西。

第三点，敦煌的许多佛经在宋以后已经“亡”了，却在敦煌保存下来。这些虽不是大经（大经是流行的），都是小经，比较冷僻一点，但是，人类文化就是这样搞的，越冷僻越要把它搞全，所以，这些经典很值钱。敦煌佛经有很多是佚经，我搞过一个目录。前面说过，日本的《大正藏》已经录过一部分，可是，并不完整，因此，还需要整理。我有个提议，我们可以编一部大书，名叫《敦煌大藏经》。据我所知，北京已经有人开始讨论了，到底要不要做，来问我，我说一定要做。我们把《敦煌大藏经》做好了，那么，我们的敦煌学才算可以同世人相见，不然的话，我们是惭愧的。我们做子孙的人没有把祖宗的文化遗产好好保存，这是不对的，一定要做。这工作做起来是不得了的，讲习班十六个同志全部投入，一辈子也做不完，恐怕要一百六十个人勉强十年才可以做得好，这是个伟大的工作。前几年，有位同志到印度去，他懂佛经，带了一个东西去核对。他说这个东西，我们中国没有了，你们印度有没有？结果查遍印度所有的图书馆、博物馆，还是查不出来，印度也没有了。中国的竟是世界孤本，真不得了。这是第三点。

至于敦煌佛经的翻译有所出入，不必讲了。就是同一部佛经的翻译，文字上也会有出入。譬如“摩诃般若”这个名词，有人就写成“摩诃”，“般若”两个字没有了。而“维摩”，有的又写成“维摩诘”。两个卷子不同的文字叫做异文，这种异文可以帮助我们校对哪个字对，哪个字不对。“摩诃般若”是对的，其他翻译都不好。不仅可以让我们校勘敦煌卷子，而且还有一种很大的作用。譬如这个本子是六朝翻译的，那个是唐代翻译的，还有广东人翻译的，又有山西人翻译的，译者的语言不同，翻译的用词是不同的。因此，看翻译名词可以晓得这是什么地方人译的，如浙江、广东、山西等地在唐代对某个字是咋个读法的，研究中国语言史离不开这种材料。譬如“达摩”这个人名，是广东人翻译的，我们现在叫“达摩”，“摩”字读mó，广东人在后面加m音，所以，广东人译“达摩”为“达摩勃”。有人说错了，其实，一点也不错。

所以，从翻译的异文可以推测译者的时代和籍贯，同语言学的关系大得不得了。不仅如此，同我们历史的关系也大得不得了，因为翻译有地名，而某个地名只在某个时代使用，过了这个时代就不用了。譬如杭州又叫临安，临安这个名字是宋代取的，宋以前没有叫杭州为临安的，宋以后大家也不说的。（宋以后，文人开玩笑，把杭州写成临安，那是另外一个问题。）假如某部佛经里边有临安二字的话，那么，它一定是宋代的东西。既可以证明地理，也可以证明历史。翻译的东西同我们文化的关系是如此密切，我们一点也不能忽视。一部经的翻译往往有若干本子，正是我们要了解翻译的是什么人、什么地方、什么时代的一项关键性史料。譬如鸠摩罗什译过《大智度论》，到唐玄奘又译了一本，二者比较，我们可以看出鸠摩罗什译的译名、风格、笔调同玄奘是不同的，翻译的语法、用的词汇也有差别。一部经卷的异译，在敦煌卷子里边是很多的，有的多达八九种不同的译本，应该研究。到底八九个译本，是从一个原本译出来的，还是从八九个原本分别译出来的呢？关于这个问题，指导我们研究的人现在国内是没有了。我不禁想起我们的老师陈寅恪先生。他是通十二门外语的，不论什么语言的书给他看，都能告诉你：这是什么语言。这个问题是我们此后要努力的。我们以后要把有若干异译的经追查出原本来，这同我国文化的关系太大了。所以，我们不要看轻异译，以为单单是翻译不同，而要看到它的重要性就在于它的不同译本。所以，搞历史、地理、语言、文学的人，不论搞什么学问的人，都得好好看。譬如说我们搞文学的人，敦煌有一种文体叫做“变”，我们迄今还讲不通为什么叫“变”。这是语言学的责任，文字学的责任，历史学的责任。所以说，它同我们中国文化的关系是很深的，这是第四点。

第五点，敦煌卷子里边还有许多讲佛教历史的。这个问题，在国内已经有人注意，就是那些研究中国佛教史的人。我们应该知道一点常识。譬如说北京藏的阳字廿一号《佛说普贤菩萨证明经》，在每一卷开头十几行都有一段文字，用以写明这部经的流传情况。其中很多是佛教到中国来的历史，说明从什么地方来，到中国是怎样翻译的，都详详细细的。这里边牵涉到许多问题。譬如说有一卷佛赞同佛图的目录当中，第一篇就讲当时印度本土佛教的情况，可以补充玄奘到印度取经时所说的不足，可以补充法显（到过墨西哥的法显）的《佛国记》所不详。这种似乎是佛教的历史，又是印度的历史的材料，不仅中国需要，印度也需要。印度许多教派已经亡了，只有中国有；许多佛经也亡了，只有中国有。敦煌的佛教经典不仅有佛教历史，而且有印度历史，这样历史的范围就扩大了。姑且不讲印度历史，就讲佛教历史，也是我们研究中应该注意的。现代研究佛教史有几个权威，一个是汤用彤先生，这位老先生是规规矩矩研究佛教史的，不仅懂中国佛教经典（敦煌的当然不成问题了），而且日文很好，梵文也学过，法文很好，德文很好，懂四种外文。所以，他写的《中国佛教史》，源流清楚。研究敦煌学，关于佛教在中国的源流系统掌握得多就行，掌握不够的就不行。掌握印度佛教在中国的情况，并从敦煌卷子里找出来，陈援庵先生是一个。他写过一部关于中国佛教概论的书，用过很多敦煌卷子上的材料。所以，这些材料也是我们的大财富，应该想法赶快整理出来，好好研究。

第六点，佛教和其他各教在我国的情况。佛教到我国来以后，同道教、儒教发生了关系。因此，在佛教经典里边，也有同道家争论的材料，就是“三教论衡”。某个宗教同佛教发生关系以后，佛教就要批评它，不仅如此，道家也要批评佛教。只举一个例子，譬如伯希和拿走的P. 2862卷的第四节，有一段文章就是汉明帝的大臣“称扬品”，汉明帝告诉底下的大臣，说是你们还不了解益州这个地方有钟山同张衍辩论的事吗？这就指同佛教的辩论，很有用的。这一类材料多得不得了，我们细细研读敦煌的佛教经典，常常会碰到的。三教论衡的东西，河南有位老先生在研究，大体上就是从他所能见到的敦煌经卷里摘出来的，此外，也从许多别的经典里搜集了好多材料，主要是两部大书，即《弘明集》和《广弘明集》。反过来，道教对佛教也有斗争，最重要的一部经典是《老子化胡经》，说老聃曾经把他的道传到了胡族住的地方，也就是说曾经到西藏、印度去讲学，结果，把胡人都感化了，都从了老子的道，甚至释迦牟尼佛是老子的弟子这种话也说出来了。这就是道家对佛教斗争的最好材料。《老子化胡经》到现在还好好保存着。道家经典很有意思，佛教经典分三大部分：经、论、律，道家经典当初只有老子的《道德经》，别的没有，等到它形成教以后，也想有经、论、律，于是，就拿老子的《道德经》为经，庄子的《南华经》为论，另外搞个《十戒经》为律。所以说，印度的东西传到中国来以后，使中国的宗教也有所发展。道教后来有经、论、律这样规模，完完全全是抄佛教的。又如佛教有一个很重要的集会，就是听佛说法，敦煌壁画里有很多很多，如文殊菩萨听佛说法去了，龙树菩萨听佛说法去了。道教也有，它不是听法，而叫朝元会。因为老子早就死了，他没有弟子传，朝元会就是大弟子在说法。道家有没有真的朝元会？没有。道家后来流变成天师道，就是现在的张天师这个道教。张天师道教虽然很早，但是，在唐代并不兴盛。唐代道家已经开始搞经、论、律三部了，所以说，佛家经典到了中国来以后，受影响最大最具体的是道教。道家完全抄佛家的许多音义、品式，乃至音乐。道家经典的音乐到现在已是我国宗教音乐里最完整的一套了。这是很奇怪的，道家经典暂且不说，但是，道家经典的音乐仍在全国流行，的确优美得不得了。有人问道家经典的音乐会不会是唐代佛家音乐？有人在探讨，日本人追寻得最起劲，不了解他们的结论，所以不敢说。不过，我知道道家音乐，即所谓弹《洞经》，《洞经》就是《洞玄经》的略称。这东西是全国哪个地方都有的，现在云南西部，四川西部，还有两三个地方保存有完整的道教《洞经》的音乐，规模大得很，音乐优美得很。听说中央很关注，将来是要保存下来的。

另外，跟着佛教到中国来的还有若干宗教，最主要的是摩尼教。摩尼教到中国来以后，止于长安，后来，由长安到开封。四五十年前，开封还有摩尼教徒，五十多年前，成都也有，他们信摩尼教，读摩尼教经典。这个问题，罗振玉、陈垣和王国维三位先生都有文章，考论了摩尼教经典的内容和摩尼教到中国来的历史。还有一种叫火祆教，是印度小乘宗的一个宗教，也是跟着印度大教来的。这个宗教，现在中国没有了，在敦煌有几个卷子，可是，我们看不懂。另外，还有一个大教，叫景教。景教经典也留存在敦煌。景教还有一块大碑，差不多有一丈多高，它就是著名的《大秦景教流行中国碑》。此碑今在西安，唐代刻的，是研究宗教的人都注意的，因为大秦景教同天主教有关系，同基督教也有关系。巴黎有一个博物馆就立有一块《大秦景教流行中国碑》。我看见，很惊讶，我想：我们这个大宝贝被法国抢来了。同伯希和谈起来，他说不是，我们是根据你们的照片，在这里请中国匠人来帮助刻的，它是复制品。我再了解，这种复制品多得不得了，世界上，所有有天主教的国家大体都复制了。所以，景教经典是跟着印度宗教到中国来的，也是中国文化一件了不起的事情，在整个人类文化中也是了不起的事情。我们不要小看敦煌这个小地方发现的东西，几乎整个中国文化同敦煌都有关系。此外，佛教音乐同中国关系很深，佛教艺术同我们也有关系。佛教艺术到中国后，诚然中国化了，但是，基本上还是以印度为基础的。譬如释迦的涅槃像，死了时候是睡着的，面孔的样子，睡的方法，中国所有卧佛几乎都是这个样子，而他的背光都是一个半圆形的东西，背光后面都是少数民族，是印度各宗派各民族的人站在后面来服教的，中国也画这个东西。还有一点，不管是佛也好，菩萨也好，侍士也好，供养人也好，服装全部是印度的服装。可见印度服装对中国发生的影响，尤其是女子服装。唐代人都是身子胖一点，衣服都宽大一点，而衣服宽大、璎珞被体的形象正是抄印度的。因此，唐代许多文化同佛家都有关系，需要看看向达先生的《唐代长安与西域文明》。最近西安有一组仿唐乐舞，甘肃有一组敦煌舞，都是根据敦煌壁画来的。敦煌艺术影响到我们人民的生活里去了。譬如我们农家打连枷，也是从印度传来的，敦煌壁画里有的。所以说，敦煌的点点滴滴都同我们整个文化史发生紧密的关系。

二　道家经典

道家经典的情况与佛家经典有所不同。敦煌是以佛教为基础的，不过，六朝以后尤其是隋以后，道教兴起，凡有佛教的地方大致上也有道教。佛、道两教，在中国历史上始终站在对立面。宋代以前，佛教势力大，道家虽然进行斗争，但是，斗不过佛教。宋代以后，稍稍好点，道教力量稍许大一点，不过，道家的“理”不够深，大概懂历史、懂哲学的读书人对道教不太重视，所以，道教始终在民间比较低级的一些地方流行。这现象在敦煌也看得出来。

道家常以老子做幌子，实际上，道教与老子《道德经》是两回事。虽然道教尊崇《道德经》为主要经典，不过它本身对《道德经》没有什么发展和发挥，相反，佛教小乘宗的许多经义为道教所吸收，甚至被拿来抵制佛教，实际上，是敌不过的。

所以，《道德经》和其他道家经典要分开讲。《道德经》的情况很简单，内容却很复杂，读书人爱称“老、庄”。在敦煌遗书中，《道德经》的卷子很多，但是，《庄子》的卷子很少，《南华经》只发现过一卷，并且很不完全。读书人称“老、庄”是有道理的。老子《道德经》与《庄子》，内容、基本观点一致，理论方法的发展也大致相同。这里只把《道德经》的情况总地讲一讲，大致有几点。

第一点，敦煌《道德经》主要是河上公注本。后汉以来，《道德经》流传着两种注本：一是王弼注本，讲《道德经》的理论，读书人看的；一是河上公注本，道士看的。河上公注本往往把道教的许多东西，例如《洞玄经》这一类，放在《道德经》后面。因此，打开卷子一看，就晓得是道士用的《道德经》，读书人是不大看的。这是河上公注本的最大要点，不过，它控制了敦煌。王弼注本有没有呢？有，有一卷两卷，但是，残破得很。

第二点，《道德经》卷子的纸非常讲究，在敦煌卷子里是第一等纸。唐代书写的纸大体有两种（当然不能说只有两种）。一种是做过的，相当于杭州过去叫熟宣的那种纸，自然做法不同，尺幅大概是四尺宣对开后再四裁，四裁后再去点边那样大。做时，把一盏灯放在架子下面，架子上面铺纸，纸上涂蜡，一烤纸就变黄了，有点透明了，所以，叫硬黄纸。这是唐代写字纸中较为高级的纸，佛教经典没有用硬黄纸写的。另一种叫楮白纸，质地疏松，而硬黄纸很硬健。直到现在，得到敦煌卷子，还能从纸的响声上区别开来。所有《道德经》卷子全用硬黄纸写的。这个看缩微胶卷就没有办法了，所以，有许多事情一定要看到原始材料才能了解。《道德经》卷子不仅纸讲究，字也讲究，校勘也讲究，往往最后还要录一个郭先公（就是郭璞，道家称郭先公）的序，接着录个《太上隐诀》（也是个小书），最后是写经人名字。《道德经》除了河上公注本外，诸家本子还有四五种，但是，为数很少，还是以河上公本做基础的。

第三点，《史记》曾说《道德经》五千言，说写了五千言，他就出关了。后人，特别是道家就将这个话引申出来，一定要把《道德经》扣在五千言上。实际上，卷子中最多的有五千三百字，少的有五千一百几十个字，最少的有四千九百九十九字。为了凑合五千言，其办法很可笑，他们把语助词、介词，之、乎、者、也、于是、然而等统统删掉，今天读它，语气简直不行。读书人读惯传统书，读起来读不下去，莫名其妙，声调不顺，意义也讲不通。既然是四千九百九十九字，有人就开玩笑，说为什么不加一字以凑足五千言啊？回答是不好加，因为这个字一加，全部都要加的，那就加到五千三百字了。所以，敦煌《道德经》卷子，假如发现它是四千九百九十九字，几乎就可以肯定是河上公注本，王弼注本不会这样。通过以上三点，我们可以弄清河上公注本和王弼注本的区别。

还有一点要加以说明，唐代重视《道德经》，还有一个重要原因，是唐家自称老子后代，唐家也姓李。虽然没有把道教定为国教，但是，定成国家祖宗，家法里面的头子。敦煌《道德经》卷子，隋代以前写本极少，大概只有一两个，绝大多数是唐代写本，这说明政治上同国家发生关系极大。《道德经》写卷总数不多，我几乎全部抄回来了，约二十卷。从年代看，唐明皇以后不大有人写，所以，《道德经》在敦煌流传的年代很短，不过一百年光景，也许还不到一百年。道士们所搞的道教东西，到底比较浅薄，《道德经》，道士也不大懂，尊崇它是为了国家功令的关系，皇帝祖宗嘛，要恭敬一点，写一点。但是，历史不长，要是政治力量没有了，衰退了，也就不管了。所以，《道德经》卷子主要是初唐、中唐和盛唐三个时期的东西。

其余道教经典的内容怎么样呢？总起来说，大概是把《道德经》、《庄子》以及神仙家、方士们的话杂糅在一起，就成了道家经典，甚至还有许多印度小乘宗的方法在里边。印度小乘宗的思想很奇怪的，道教也有许多奇奇怪怪的东西。小乘宗医学很好，还有许多讲卫生的，道家也就有。现在道士搞的很多东西，有的很可笑，大概就来源于印度小乘宗。道教经典的内容大抵如此。

敦煌道教经典的卷子几乎全被伯希和拿走了，北京图书馆几乎没有，伦敦收藏的很少。大量的，约六七十件都在巴黎，不能不说伯希和是有学问的。他懂得道教在宗教史上的地位。原先，欧洲知道的人很少，有的虽然知道，但是也没有见过。所以，伯希和看到，很惊讶，全部拿走了。帝国主义搞侵略很可恶，但不要小看他们，他们里面有人才。斯坦因拿不走，大谷光瑞也拿不走，就因为学问基础没有伯希和好。伯希和拿的东西都精得很，他拿走的还有许多外国文字的残卷，讲地理、讲历史的，他也拿走不少。可见帝国主义搞侵略需要人才，因此，我们也要培养人才，再不培养，敦煌的东西就保不住。

宋太宗时候开雕，刻了一部《道藏》，把唐代所有道家经典都收齐了。但是，把敦煌经卷细细考察，发现还有若干为《道藏》所没有的，我称它为道教佚经，约有十几种。

道教在中国历史上，没有人注意，读书人没有哪个人注意的。譬如张道陵，在江西龙虎山，是道教很了不得的人物。可是跑到龙虎山去找他的历史看，一点也不晓得。道家的历史，在敦煌经卷里，倒发现了一些。因此，这份材料很可贵，研究中国宗教史，非有不可。我在《敦煌——伟大的文化宝藏》一书中，讲得很详细，可以参考。

此外，道、佛、儒三家，唐代以前斗争很多。在唐代，已经有人反对道家的“三代人”：张角、张道陵和张鲁。道家经典中经常发现这方面的材料，可惜太少，无法进行分析。只觉得有人在反对，但是，说不上是哪里来的，也不晓得是谁做的，无法推测。有人估计是和尚做的，这也是可能的，道家有反对佛教的东西，佛教也会有反对道家的东西。道家反对佛教的东西，莫过于《老子化胡经》。道家的寺观里有三清殿，所谓老子一气化三清：中间是老子，左边是释迦牟尼，右边是孔子。唐代已经有反对道家的东西，这种材料在敦煌卷子里发现了，是很可贵的。不过国内还没有人充分注意。

三 儒家经典

儒家经典在敦煌卷子里是重要的部分，复杂程度跟佛教经典差不多。为什么儒家经典会在敦煌庙子里发现呢？大概从汉武帝独尊儒术就开始了，民间每个读书人都要读儒家的书。到了后汉，取士、选才也往往用儒家经典做基础，此后经魏晋南北朝，一直流传下来，到唐代，儒家经典成了必读之书。从后汉起，读书人必读的儒家经典有《诗经》、《尚书》、《论语》和《孝经》等，后来人识字读《三字经》和《百家姓》，而汉初人读的是《古籀篇》和《仓颉篇》这一类书，一个个字地识读。可是这样做不及一篇篇地读，识字来得多、快，所以，东汉以后就改变方法。《论语》的语言比较容易懂，就成了教儿童的书。《诗经》容易背，而且用的词最多，草木鸟兽鱼虫的名字都有，《尚书》多历史材料。中华民族最看重历史，在世界各民族中，历史材料也最多。印度虽然也有悠久的文化，可是像我国这样"行而有则"的史书，一部也没有留传下来，它的历史夹杂在其他书里。中国则什么历史都有，说事的历史，说人的历史，说物的历史等等都有。中国人的这个习气从春秋战国就开始了。孔老先生教育他的学生要读《诗》，“不学《诗》，无以言”，意思说你想在社会上有点地位，就必须读《诗经》。《诗经》是儒家教育中主要的教科书，在《论语》中，讲《诗经》的重要，是很多的。春秋战国时期，士大夫之间应酬也常常引用它，所以，《诗经》成了儒家的要典，成了民间对历史的爱好。中国民间爱好历史有种种表现，譬如宗谱，计家有计家宗谱，王家有王家宗谱，姜家有姜家宗谱……中国的宗谱之学是世界罕见的。搞宗谱最了不得的是浙江人，第二是河南人，第三是四川人。他们的家谱清清楚楚，哪一家从哪里搬来的。如王国维先生，他家是南宋时候从河南开封搬来的，一代一代清清楚楚。我们现在不大管了，但是，我们的父亲、祖父辈都很讲究历史。如我们姜家，十八代祖先我都可以说得清清楚楚，哪一代从哪里往哪里搬等等。谱系之学在中国历史上是非常重要的，在六朝，就是所谓门阀，王家、谢家虽然穷了，但是，姑娘绝不肯嫁给别家。唐代皇帝想要卢家姑娘做媳妇，也不可得。说是卢家门阀高，不愿意同李家做亲戚。门阀制度影响到读书，读孔家的书，孔家是宗法社会留传下来的呀。因此，《尚书》一定要读，《诗经》一定要读，《论语》一定要读。这三书就成为敦煌儒家经典的重点。和尚念经要识字，所以，和尚也读儒家这三部书。和尚很佩服儒家，譬如天台宗智者大师注过一部《孝经》，比儒家注的还要高明，他说的许多道理，儒家说不出来。此外，儒家经典还有两种：《春秋经》的《左传》与《谷梁传》，《公羊传》却没有。《公羊传》有点造反的思想，敦煌经卷里一卷没有，这是很奇怪的事。我们搞文献的人，很想找一找，我根据三地图书馆所见的卷子，姑且这样论定。是不是后来有发现呢？不敢说。不过到现在为止，还没有听说。除《尚书》、《诗经》、《论语》外，《春秋左氏传》是重要的。它的基本材料，如书中"子曰"、"诗曰"的话，都是《论语》和《诗经》的东西，所以，人人可读。《春秋左氏传》在敦煌卷子中分量不少。此外，还有《礼记》、《周易》等，但是，不多，《周易》稍多一点。因为《周易》的道理，通道家通得过，通佛家也通得过。讲佛学的人，也觉得《周易》很有道理，读得通读得懂。近代浙江有一位老先生叫马一孚，马一孚先生在四川办复兴书院，有个规矩，把经典分给学生读，把《周易》、《道德经》和《金刚经》三个合起来一道读。后来有人对他说：《金刚经》不要，他同意放弃了，但是，他一定要《周易》和《道德经》放在一起读。所以，讲《周易》的也有佛教徒，甚至于禅宗。这也不奇怪，因为《易经》变的道理就通佛家轮回之说，和阴阳八卦之说也是相通的。总起来讲，敦煌经卷中的儒家经典，是以《尚书》、《诗经》、《春秋左氏传》和《论语》为基础的，其他都是小经。

拿《尚书》来说，现在我们读的是唐代开元天宝以后修改的版本，而开元天宝以前的本子全部保存在敦煌卷子里。唐代卫包把所有的《尚书》改成唐代实用的字，现在所读的《尚书》就是卫包改定本，卫包以前的本子所能看到的只有敦煌本子，别的没有了。可见这个本子多么珍贵，从汉代记录传下来的，最大的价值是保存了古注。古代许多材料只有在古注里看得到，我们贵其古，是贵在它保存了许多古代学说。这也是敦煌儒家经典顶大顶重要的一点。譬如《论语》，现在读的只有一种本子，即何晏注的本子，何晏注本也收集了魏晋人的注解。但是，敦煌发现了皇侃注的本子，皇侃把两汉和魏晋之间所有人讲《论语》的要点都收录在注中了，这个本子也就成了中国的宝典，但是，被伯希和拿到巴黎去了。当初王重民先生在巴黎编目，有天晚上，我回旅馆休息了，深夜一点多钟，他来敲我的门，说发现了一个大宝贝，这就是皇侃的《论语》注。过去我只在目录上知道有这部书，却从未见到。王先生有图书馆钥匙，我们两人立即跑到图书馆去看，高兴得不得了，并且拍成照片寄到国内商务印书馆，要他们印出来。商务印书馆果然立即印了出来，有几位老先生，像章太炎老先生见到这部书，连说可贵，一生再没有见过这么好的书。《春秋左氏传》也有古注，现在通行的杜预注，拿它同敦煌本子比较，有很多出入。到底哪个好？由于没有全部校过，不敢断定，可是到底有不同，校出来以后就可以明白了。因此，第一件事是说，敦煌的儒家经典是非常宝贵的，它保存了唐代以前的古注。

除此而外，还有许多汉代的注本，敦煌一件也没有。譬如《诗经》有四家，除毛家的本子，还有齐、鲁、韩三家，敦煌卷子里一件也没有，民间也没有流传下来，因此无法校对，现在也无法评论。《春秋左氏传》我们有东西；《谷梁传》有范宁注，我们有东西；《论语》有皇侃注，我们有东西。别的东西，我们没有。敦煌儒家经典里的古注，是读儒家经典的人必须重视的材料。

总结一下：

1. 敦煌所有的同儒家有关的古籍，同现在流传的本子对看，有许多出入，从而说明敦煌卷子都是古本，都是唐代以前的古本，而我们现在的东西都是唐人以至宋人修改的东西。儒家经典的敦煌卷子最可贵的就是这一点，我们也可以根据这个卷子来考究现在本子的是非得失。

2. 所谓考究是非得失，以我的经验讲，我觉得古本里面有许多好东西，当然也不否定说古本里面有许多东西是不太好的。譬如道家经典里面就有不少东西不太好，像《道德经》一定要凑合五千言等。但是，在儒家经典里面，这种东西少，顶好一点可以纠正我们唐代以后所流传的古书，乃至于汉人的著作都可以纠正。譬如《诗经》有一篇《出车》，里面有一句诗："执讯获丑"，意即逮住敌人。可是郑康成注："执其可言问所获之众。"这句话我们读起来，意义不太明白。我们看敦煌本子，如P. 2570卷，作"执讯，执其可言，问及所获之众"。这句话是清清楚楚的，多了"执讯"两个字，又多了一个"及"字，于是把郑康成的话讲清楚了。故而不能看成仅仅是三个字的问题，而是整个含义的问题。这种例子多得不得了。关于这个问题我比较过，一部是《尚书》，一部是《诗经》，校过以后，敦煌卷子的长处就明白了。例如《诗经·齐风·东方之日》，今本序作："刺衰也。"但是，P. 2529与P. 2669两卷不是这样讲的，而是作"刺襄公也"。"衰"和"襄"形近，后人的本子误成"衰"字之后，又删去了公字，于是这首诗是哪个时代就不明白了。这些成果我将整理发表。所以，就整个敦煌卷子的儒家经典每个字都有很大的作用来看，儒家经典在敦煌卷子里边确实是很重要的东西。

第四讲　敦煌经卷简介（下）

四　文学作品

敦煌卷子中，文学作品也不少。最早谈敦煌文学作品的一篇文章，是王国维先生大概在1920年左右发表在《东方杂志》上的《敦煌的俗文学和敦煌小说》。中国人知道敦煌有俗文学就是从这里开始的，我们现在讲敦煌俗文学的人都承袭了王先生这篇文章来的。事实上，敦煌关于文学的卷子可以分成三大类（或四大类）：一是曲子词，二是变文，三是一般文学理论和文学作品。

关于曲子词，王国维先生已经说过了，在我国，第一个把曲子词拿来加入我们文学大流的是朱彊村，他所编的大词书《彊村丛书》，第一种就是《云谣集曲子词》，有三十首，大都是唐末五代人作品，国内搞的人极多，约十几个。到现在，还没有得出最后结论，里面有错字，有与现在不同的字，还有些现在本子里找不出的，亡佚了的东西，现在还有人在那里大用其功。其中王重民先生的《敦煌曲子词集》，是比较得出了结论的，至于是不是最后结论，还不敢说，研究文学的人还在搞。敦煌发现的词不止这一些，其他的东西还有好多首，还没有完全汇集起来。所以，敦煌学的研究还须深入，许多材料还没有整理，还没有发现。

第二种是变文。变文大概就是唐末五代时的说书、唱书等曲艺作品，就像我们每天晚上广播的苏州曲艺、上海曲艺、杭州曲艺那样。弹一段，讲一段，也就是一段诗一段文地夹杂起来，这样一种作品，叫做变文。变文这种文体，也是旧传，不是唐代新创。现在有人讲变文是从印度来的，可能有些关系，但是，我不敢完全相信。因为在汉代人的赋里，大赋里有这个体式，很可能是印度的酒瓶子装上中国的旧酒。变文里另外有一种叫做讲缘起，缘起相当于现在唱曲子的开篇，就是拿一首词或几句话先总的把这个内容简要地唱了出来，声调也特别有魅力。还有一种叫联章词，就是这个调子唱完后，再接着去唱，当然还是这个调子，一段、二段、三段地唱下去。这也算是变文的一个变体。

第三种是许多唐末五代人作诗的稿子，譬如岑参的《玉门关》诗等，都在这里发现了，甚至许多古代文章也发现了，还有文学理论的东西也发现了。我粗略统计一下，大概有这几样。一种是《文心雕龙》，但是，不完整，零零散散有三四篇的样子，和现在的传本比较，有些出入。一种是《玉台新咏》，也是六朝的东西，尽管国内现有好几个传本，但是，都同敦煌本有所不同。这件事应该有人去做。另外，还有《世说新语》，同现在的本子比，出入很大。虽然已经有人研究过，但是，刚开始，还可以继续努力。还有一种东西，文体和《世说新语》差不多，不过没有这样好，都集中在所谓《古贤集》里，它把古代贤人的事情加以分类，像《世说新语》一样来分类，分成十类八类的，每类中说了很多人，把事情摘要地说几句。大概有十卷以上，有不少好材料。这些东西，我都抄回来了，很想把它整理整理。敦煌卷子中也有小孩读的书。小孩识字的书是《三字经》、《百家姓》等，可是，唐末不是这些。唐末有一种认字的音义，等于后人的《百家姓》一样，不过后人的《百家姓》是四字一句，而敦煌的幼儿读物大体上七字一句，押韵的，里面一个字一个字的意思是不连贯的，也没有文法，因为它不是成文的。《太公家教》是教育小孩子的书，教小孩要有礼貌，思想要纯正，怎样做人，如何待人处世等，约有十多件，东西还不少。应该好好整理，它是幼儿教育中一本很好的书籍。搞古籍研究的人，应当重视幼儿读物的整理。还有很多卷子背后往往写了一首诗，不知是谁写的。但是，材料不少，都是唐代写本。王重民先生的《补全唐诗》就是收集了这些诗，来补《全唐诗》所未收的东西。分量虽然不算多，约三四十首，但是，多一首也是可贵的。所以，敦煌卷子中的古文学材料，还有待于我们去发现、去整理。

还有一种是小说，小说很多是同变文相联系的，有一个变文，往往就有一个变文的小说。譬如释迦牟尼出家的故事，有变文，也有小说。最特别的是同我们历史有关系的一件事，即《唐太宗入冥记》，说唐太宗到阴间去的故事。《入冥记》这个话是印度来的，古籍中还没有哪个皇帝游阴间的传。《唐太宗入冥记》就是小说，像这样的小说在敦煌卷子里边还有一些。我过去看卷子，小说的材料没有时间细细料理，所以，我懂得少。但是，王重民同向达先生都写过文章，尤其是郑振铎，他把敦煌小说的全部目录收进了他的《中国俗文学史》。我们可以参考。

五 语言材料

语言材料十分可贵，细细考究，有广、狭两种含义。从广义上说，一切敦煌遗书的语言文字都是语言材料，随着研究的深入，关于敦煌卷子是保存古代汉语，特别是唐五代汉语材料的宝库的认识，日益为大家所接受。这是一个大可开拓的领域，近年来，取得了可喜的成果，譬如《敦煌变文字义通释》已经发行第四版了。我这里主要介绍狭义的语言材料。

所谓狭义的语言材料，指语言学的专著。它很早就引起学者们的注意了。当年，《国粹学报》影印过吴县蒋氏所藏的《唐韵》，王静安先生影写过三种伦敦藏的《切韵》残卷等等。所包含的内容广泛而且复杂，因此，分类介绍如下：一是古籍残卷，二是俗字书，三是音义，四是韵书，五是外国语言材料。

① 古籍残卷是指《尔雅》、《玉篇》之类，巴黎藏有《尔雅》二卷：P. 2661卷存“释天”、“释地”两篇，P. 3735卷存“释丘”、“释水”和“释山”三篇。虽然很不完整，但是，仅它是唐代古本来说，就十分可贵了。后卷末有“尔雅卷中”四字，并有题记：“大历九年二月二十七日书主尹朝

宗”，又有张真题记：“乾元二年十月十四日略□（按：似写字），乃知时所重，亦不妄也。”乾元二年早于大历约二十年，明显同正卷不合。再考两个题记中还有一行字：“天宝八载八月二十九日写”，似与张真题记相应。但是，大历题记的字迹和墨色都和正卷无别，纸幅也没有接痕，因此，可以推断：天宝、乾元二题记可能是后人追写的。把P. 2661卷和P. 3755卷比较一下，无论纸质、墨色、款式、字迹，都可以证明原来是一个卷子。黎莼斋在日本得到的唐写本《玉篇》，与宋《大广益会玉篇》大不相同。罗振玉考订以后，又印过一个本子。这个印本，从各方面看，都应该属于敦煌写本。除以上二书之外，在敦煌还没有发现《说文》、《字林》等字学古书。

② 俗字书，专指唐时敦煌民间流行的几种字书：《千字文》、《字宝碎金》、《俗用字要》和《杂辨字书》等四种。

《千字文》有四五个卷子，P. 2771卷说明作者是钟繇，注者李暹，次韵是周兴嗣，这一说法可以相信。P. 3108卷最完整，P. 3419卷的后面附有藏音，可见吐蕃时代的藏人也读它，在当时是很流行的。

《字宝碎金》是采用了P. 2717卷的名称，它是辨字音的书，全书按四声分类，每类摘录若干俗语、通用语，也有经史中语，把内中难字的音注出。譬如“马趚踏所交反”，“所交反”是注“趚”字的音；“峥嵘士争反下横”，又是注“峥嵘”两个字的；“贪婪音兰又啉”，“音兰”注“婪”字的音，而“啉”注“婪”的异体等等。收录的大都是唐代西北俗语，既是考唐音的重要材料，也是读其他卷子以至唐宋以来的俗文学的不可少的“字典”。全书已收入我的《瀛涯敦煌韵辑》之中。P. 2758卷略有不同，它按韵分类，把常用的同音字集在一起，可以说是一种“同音字典”。由于目的不在于做诗用韵，而在于认识许多常用同音字，所以，我没有归入韵书类里去讲。它的韵次依陆法言，可惜只存东韵至戈韵，连平声也不完整。据我考证，应是拿孙愐《唐韵》作依据的摘字本，也收入《瀛涯敦煌韵辑》。

《俗用字要》，P. 2609卷原名《俗务要名林》，一卷，不全，应是唐代的一种字典。全书按事物分类编排，每类录常用物名若干，然后逐一注上音义。今存从量名的十撮为一勺开始，以下为市部（拟）、果部、菜蔬部、酒部、□食部、饮食部、聚会部、杂畜部、兽部、鸟部、虫部、鱼鳖部、木部、竹部、草部、舟部、车部、仪仗部、□□部（应是河流部）、□□部（应是药物部）、手部，共二十一部。这种分义类的编辑法，是六朝以来的类书体式，民间所习用。每一名词下，都有注音，大体一字一音，二字二音，遇较艰涩的字，还加简要的释义。如：“橰椑竹橰也，薄皆反。釭，毂中铁也，音工。枸杺上古佳反，下音心。”可见它的主要目的，还是注音。注音形式以反切最多，其次是直音，所注的音不出陆法言《切韵》系统的《唐韵》。书中多俗字，往往不见于通常的字书和韵书，这同写书目的——为俗务要名而作，应是一致的。所以，它无疑是唐代社会，尤其是敦煌地区的社会生活的写真，可以从中考见当时语言情况和社会情况。

其他俗字书不过是上面三式的扩大而已，如P. 2537卷和P. 3363卷等。伦敦还有郎知本撰的《正名要录》、后唐泰清二年写的《开蒙要训》，不一一细说。

③ 音义。敦煌是佛教圣地，佛经既多，音义必然不少。由于许多佛经的经文后面都附有音义，看来独立的音义是不会多的。但是，在巴黎的收藏中，连玄应的《一切经音义》（P. 3095卷）和慧琳的《一切经音义》都有了。许国霖也曾把佛经每卷正文后面的音义录出来，如《妙法莲华经》、《大方等大集经贤护分》、《金光明最胜王经》、《菩萨璎珞本业经》、《大庄严论》和《三论》等，都是研究语言，特别是语音的重要史料。

此外，要说到儒家经典等古书的音义，如《尚书王肃音义》乃是现存儒家经典音义中最早也是最好的一种。不仅使用了大量反切，而且也注直音，标志反切在汉末已经盛行。罗常培先生曾把它和开元本《周易音义》和《礼记音义》之一、之二合起来分析，并与通志堂本《经典释文》相校，结果是在六百四十五条音切中，今本与写本音切用字不同而音类亦异者只有四条，从而断定音系无别，并说明唐宋两代改窜《经典释文》，在文字训释方面的多，而涉及音系的少。《庄子音》、《文选音》等也很有价值，不过最可注意的有两本。其一是徐邈的《毛诗音》，即P. 3383卷，同今本《经典释文》出入极多，主要有八点：

a. 此本以音为主，所以，音多而义少。

b. 多用反切，而《释文》时用直音。

c. 出字多少不同。

d. 引旧音多有不同。

e. 篇题分卷也不全同。

f. 音切用反字的，今本久无此例。

g. 文字不同，如“思齐”之“齐”，卷子作“斋”。

h. 多引《说文》，而《释文》所引多不注明出处。

如此等等，可供校勘的非常之多。另一种是释道骞的《楚辞音》，今存《离骚》的“驷玉虬以乘鹥兮”句至“杂瑶象以为车”止，共八十四行。这是今天能看到的屈原赋的最古本子，文字与传本很有不同，似乎连宋代人也未曾见到过，所以，价值极大。这些已经全部采入我的《屈原赋校注》，此不细谈。

④ 韵书。韵书的成立当在齐梁之间，隋陆法言《切韵》问世以后，有长孙讷言为之笺注，唐代取士也采用它，于是，古韵书全都亡佚。所有敦煌发现的韵书，都属于唐人使用的切韵一系的韵书。以我所见，如陆法言《切韵序》，就有P. 2129卷、P. 2638卷和P. 2019卷等；陆法言原书的韵目有P. 2017卷和巴黎未列号戊卷；陆法言原书抄本有S. 2683卷和巴黎未列号乙卷；隋末唐初增字加注本有柏林藏 JIIVKTS卷和S. 2071卷；长孙讷言笺注本有S. 2055卷和巴黎未列号甲卷；王仁昫刊谬补缺切韵有P. 2129卷（国内另有罗振玉印的项子京跋本和故宫博物院印的宋濂跋本，与本卷大同小异）；改革韵系因而与《广韵》相近的孙愐唐韵有P. 2018卷、P. 2016卷和柏林藏VI2015卷；《广韵》母本，晚唐诸韵集成本有P. 2014卷、P. 2015卷、P. 5531卷和巴黎未列号丙卷；北宋刊本《切韵》有柏林藏JIIDI等。此外，还有《韵关辨清浊明镜》一书，即巴黎未列号丁卷。根据这些卷子，我们考得陆法言以后唐人韵书的真相及演变的方式，根据王仁昫卷开列的魏晋以来各家韵部分合和取

舍的说明，我们考得了《切韵》成书的具体情况，所谓“论定南北是非、古今通塞”。于是，陆韵系统得以大明，中古音的情况得以大明，中古所本的古音也得以大明，对学术贡献是很大的。

⑤ 古外国语言材料，指的是西夏文、窣利文等现已亡佚的古代许多部族语言材料，国外尤其是欧洲学术界对此很重视，而国内从事这方面研究的人还不多。

六　史地材料

这类卷子分量不多，但是，很重要。几乎每个讲历史、地理的材料都可以补充正史的不足。譬如说《史记》、《汉书》等，我们一向认为是了不得的历史正宗，敦煌也发现了《史记》、《汉书》的卷子，同今本出入很大。所谓出入很大，不是指事情有增减，而是指文字不同，可惜少一点。不过就是一鳞一爪，也是很可贵的。还有唐人著的《晋书》，说明敦煌收的东西范围宽得很。其余的再举几件，一个是《唐代职官表》，虽然两《唐书》也有，但是，有很多不同。到底谁对，不好随便判断的。两《唐书》是官修的，不敢有随便写的东西，因为皇帝要看，写错了皇帝要干涉的，所以，两《唐书》的职官表是很可以相信的。但是，敦煌抄本也不是天上掉下来的。它必然有所根据。既然有所根据，那么是敦煌的好，还是两《唐书》好？就要我们好好地研究吧。关于这个，王国维先生写过一篇文章，不再细说了。还有一个《官令品》，是做官命令的一个品，这个卷子是我发现的，因为伯希和目录里边没有，到了王重民先生编目录时，我看到了，很欣赏，就抄录了回来，做了一点考证文章，后来，北京大学金毓黻考证了这个《官令品》。这个《官令品》很有趣，哪个皇帝，哪个皇后，是哪一天生的，忌日是哪一天，官是几品，都写得清清楚楚。这是极详细的记录，它可能是唐代官府中的一种档案，而不入正史的。正史不收这些东西，正史收这些东西太复杂太琐碎了。可是在官府档案文书中是要有的，不然就没有什么做依据了。这是很使我们吃惊的。最后还有《阃外春秋》、《春秋后语》，是讲《春秋左氏传》、《春秋公羊传》和《春秋谷梁传》所收纳不进去的资料，也是很重要的东西。

关于地理，也有几样了不得的东西。一个是《沙州都督府图经》，它应当是敦煌长官府的档案。《图经》说得非常详细，详细到沙州有多少县，每县有多少乡，每乡有多少人，多少土地，土地怎么分配等等，都有记载。后人著《十六国春秋》，但是，没有把沙州的东西放进去，所以，《图经》是地方志方面了不起的书。现在，中央鼓励各地修通志，但是，我对我们现在修的通志有些是不太满意的，因为许多历史上的重要事情他们反而疏忽了。我想把《图经》推荐给大家，唐代就是这么一个规模。这个规模是我们可以学习的。关于方志的材料还有很多，譬如《诸道山河地名要略》，哪个地方有座什么山，有条什么河，乃至小沟，都录上了；哪个地方有个什么村子，村名叫什么，也录得清清楚楚的。我们要知道唐代地理情况，这是很重要的东西。《沙州志》也是方志，其中最详细的是说了个剑南道，剑南道有十个州，详细的情况都有了。不仅是地方、人口、土地、赋税，而且连这个地方的经济地理，也牵扯到了。所以，研究历史，单单靠正史是不够用的。敦煌给我们研究提供的资料，是十分可贵的。这是第二种。

第三种是关于世族、人物的材料。敦煌这个地方，有些什么世族、人物都有详细记载。这个东西就是P. 3718卷和P. 4660卷，名叫《敦煌名人名僧邈真赞》，它把唐代以前敦煌出过些什么大人物，一个一个列入。我们考证敦煌有学问的人，大官，有道德的高僧，人民佩服的名流，譬如大书法家索靖，关于他的历史，很少很少了。但是，在上述两卷中就有一段索靖的文章，比较详细的。唐代以前，世族在社会的许多方面有一定作用，譬如敦煌两大世族：张家和曹家，他们自称敦煌王，唐朝也封他们做敦煌王。所有围绕敦煌的少数民族，如突厥、吐蕃等，在唐五代能够使中原不受他们侵扰，就是这两个世族在那里管着。这两个世族对这些少数民族的办法有两种：一种是经济办法，即给钱；一种是结亲办法，有了小太子，就娶回鹘的女儿做妻子，又嫁自己的女儿给回鹘酋长。这样就成了亲戚关系，安安静静的，差不多两百年中，没有出现骚扰民间的事情，世家大族有很大作用，因此，我们应当注意。

还有一种《敦煌高僧传》，为许多大和尚立了传。假若是一个普通地方的传，倒也不算什么稀奇物。因为敦煌在唐代，刚刚是从西域、印度、于阗乃至许多小国到中国来的第一站，来者都要作短暂的停留，有些到敦煌就不走了，在敦煌落籍了。有些高僧到敦煌之后，慢慢进入中原，在别的地方落籍。他们的事迹在《敦煌高僧传》里有。譬如鸠摩罗什，他在敦煌蹲了两三年，然后到临汾去，这样的事情使《敦煌高僧传》的价值更了不得。敦煌也有了慧远，也有传的，所以，我们讲宗教，绝不可忽视它。还有许多官府名册，也是很重要的。另外还有一个卷子讲敦煌风俗习惯的。我们要想讲中国的风俗制度，它是最好的参考书。谁想写风俗志而找不到材料，敦煌卷子里有，将来敦煌的风俗志可以写得出来，别的地方的风俗志可能还没有。譬如饮食，北方人喜欢吃羊肉泡馍，就是拿蒸好的馒头搞碎放在羊肉汤中泡着吃，这在唐代已经开始了。卷子中还发现做牛酪、羊酪的方法，现在南方有的人会吃牛酪、羊酪，根源就是从这个地方来的。所以，民间风俗习惯的东西，如烹调的方法，杀猪、杀羊的方法，里面都有记载。这种材料，若是去搜集的话，那是极有价值的。

西域诸国的材料，如于阗、高昌等小国的史料，敦煌也很多。我略加统计，譬如同吐鲁番有关系的卷子，就有九件；同于阗有关系的卷子有四件；同伊斯兰教徒有关系的有五件；同焉耆、印度往来有关系的有六件；同西天竺十五国有关系的一件，叙述到西天竺的路程，一国一国的路程。我们读玄奘的《大唐西域记》，宋云的《西行记》和法显的《佛国记》，这东西是必不可少的。而围绕中国的这些小国的历史，现存的材料很少，有的都没有了。应该说，仅有《西夷传》这些书是不够的，敦煌这些东西发现之后，是可以大大补充《西夷传》的史料。这是我们讲历史地理的人很可注意的。日本人搞得很厉害，他们得到一个卷子，就拼命研究，三个人五个人地研究讨论。所以，我们要赶快奋起直追。

也有社会史的材料。社会史包括的东西很多，譬如讲人口的，我所抄录的就有五种。敦煌所治有十二个县，某县有多少人口，某乡有多少人口，记载都很详细。敦煌卷子中，女人也可以做户主，这在卷子发现以前，我们都不知道。日本中村不折也有一件，虽然材料很少，但是，问题很大。它是地方上的临时措施，还是国家的正式措施呢？假若是国家的正式措施，那么，说明唐代男女间关系就不像宋以后那样分得严格，在宋代以后，女户主是找不出来的。唐代可以有女户主，不过唐代正式是否有，我还没有查过，请研究户口的同志去了解这个东西。其次是授田，每个人有多少田，授田的名目多得很，有口分田、永业田等。每个人成年以后都得到一定的口分田，口分田是一定的，大家都一样的。另外，做什么官给什么田；你有儿女，给你什么田。可见授田这件事情的记载在经济史上是很重要的，敦煌卷子大约有二三十件之多。还有反映买卖关系的材料，买卖关系有两种现象：拿货币的现象有，但是，基本上还是以物易物。农民拿谷子、麦子等来换取布匹等，甚至还有拿人来换物的，拿小孩、拿女人都有，也不排除拿小孩、拿女人去抵债的。这个风俗有了，这是研究社会风俗史的重要东西。

还有一件是说税制的。田税有了，至于其他税制，我们还没有发现。田税规定一亩田纳多少税，税也是分的，某县有多少田，纳多少税。看来税并不是定死在亩数的多少上面，而是定在田地能产多少上面，即按产量征税的。这同现在我们的田税制有点接近。也有几件是讲物价的。这个物件值多少米，那个物件值多少布匹，这个物件值多少薪炭，那个物件值多少柴。最早一件物价是天宝四载，可以推论唐代物价到底是个什么样子。天宝四载以前，物价稍低一些，天宝四载以后物价增长，从而又可以推出唐代物价的平均数。关于工价，一个工人做工得多少钱，牧牛牧马的人得多少钱，某个商贩自长安拿回某件东西给多少钱，乃至汉人到四川去拿什么东西，拿回来给多少钱。关于力价，人力价钱在敦煌有好几个卷子。一个长工，一年给多少米，多少布匹。第二年按工作的好坏酌情增减，工价都是拿米粮、布匹折算的，大体上还没有币制，就是公家，也是以物易物的。

敦煌竹简是继敦煌经卷发现以后，在围绕着敦煌如玉门关、高昌、吐鲁番等地发现的。单就孤零零地研究竹简，过去已有人做了不少工作。假若研究敦煌的人把竹简算在敦煌学以内，则意义更大。因为玉门关到敦煌没有多远的路，它的竹简上记的物价等情况与敦煌应当相差甚微。从吐鲁番到敦煌，比从玉门关到敦煌就远得多了，物价的差距就很难说了。所以，围绕着敦煌所出的竹简，不仅是军事上的史料，譬如某个竹简说某天派多少人到敦煌驻防，某天送多少兵器给你，而且民生日用方面的材料也非常突出。因此，竹简在敦煌材料中是很重要的。国内研究这方面的，最早是王国维先生，他关于敦煌竹简有很多最为精当的话。王先生以后，到现在研究竹简是有进步的。但是，开创者不是王先生，而是法国沙畹。沙畹研究中国竹简，同张天方先生合写了一本书，即《竹简研究》。张天方过去是杭州大学的一位老先生，已经去世了。自这本书问世以后，国内开始注意研究。现在我们大陆研究竹简的人为数不多，好几个研究竹简的人都在台湾。

七　科技材料

大体有两类：一类是医学，一类是日历，都是人民几乎每天需要用的东西，所以，在敦煌卷子里面占着比较重要的位置。但是，不是说人们生活里只有这两件，而是说，这两件东西非写在书本上不可。广义地说，敦煌保存的一切，都是科技材料，譬如卷子本身，纸是科学，纸有楮白纸、硬黄纸，它们是怎样制造的也是科学。墨和笔也是科学。现在用的墨最出名的是用黄山松树做的“黄山松烟”，古代的墨又是什么做的，怎样做成的，也是科学。还有许多用朱砂的地方，朱有两种，用得最多的，是现在叫做朱标的，有点金黄色，红是红的，偶然间也有用胭脂的。用什么来调朱或胭脂，成分怎样，有一定规矩，也是科学。又譬如所有敦煌壁画都画得非常艳丽，所用颜色与现在是不同的，现在多是植物性颜色（藤黄除外，但是，连黄也并不全部是藤黄矿质，还有姜黄等），但是，壁画用的百分之九十以上是矿物质。譬如，那蓝色和绿色，就是铜质的，即铜上面的颜色，这也是科学。总而言之，绘画也好，卷子也好，全部所使用的东西，都足以说明唐代科学水平已经达到了什么程度，很值得研究。所以，敦煌的东西，不单单是搞文字的，搞社会科学的，而且，科学家，不管工业也好，农业也好，医学也好，物理学也好，都应当参加的。譬如，唐代的纸到底与六朝的纸有什么差别，与汉代的纸有什么差别。现在知道，中国的纸始于汉代，蔡伦造纸就好像是中国纸的最早发现。可是，我们现在考古学已经发现，早已有纸，蔡伦纸同后代纸又大不相同。蔡伦是用渔网来造的，但是，后来人拿树皮、拿甘蔗皮、拿草来造纸。在蔡伦用渔网造纸以前，我国已经有纸了，最早的一张纸，现在澳大利亚博物馆，它是人类仅存的一张最早的纸。根据澳大利亚研究的结果，这张纸，在空气中，可以经历一万年。唐代的纸种类是很多的，有用树皮造的，叫楮白纸，这是最粗劣的，大都是北方造的；有用渔网造的，有用甘蔗皮造的等等。总之，敦煌所使用的物品，没有一样不是我们科学家应该注意的，虽然，真正记录科学的东西，只有医学和日历。这两样东西，一方面要有老师传授，而另一方面都比较需要文化水平。下面分开来介绍。

先讲医学，到现在为止，在敦煌发现的最早卷子是开元六年九月写的，叫陶弘景《本草》。这部《本草》有注，是最古的写本，未经人改窜过的。现在流传的所谓《神农本草》、《证类本草》和《食疗本草》等等，名目很多，但是，最早的，到现在为止，恐怕还要数陶弘景这部《本草》。当然更早的还有汉代人的《本草》，但是，它虽然也流传下来了，靠得住还是靠不住，有没有经人改过，都是问题。且不说这些，拿这个卷子所记载的情况看，里面有几句话是唐代以后的传本里常用的，说医病的人不仅要看疑难杂症，而且，普通病症里边有两样东西也是要注意的，这就是热病和寒病及其差别。因此卷子上就有两种符号，属于热病的用红笔点出来，属于寒病的用墨笔点出来，普通病就不点了。医书中划分得这样清楚，到现在为止，只有这部书，在它以前的传本，是没有的。但是，现在留存的在它以前的传本，却有陶弘景这部书中热病、寒病以及普通病的差别符号。是不是可以说是陶弘景抄旧的？就算陶弘景抄旧的，也保存了旧医书的一种本来面貌。但是，一切唐代以后的医书，引这话都说是根据陶弘景的，因此，可以说这样打符号是从陶弘景开始的。这卷子不仅是中国医学的大宝贝，而且，也是人类最古最早的东西。印度也有一个很古的讲医学的本子，我们不清楚印度古本的情况，还有待研究。而我们这部《本草》，已经成为全世界研究得很起劲的东西，它是敦煌医学科学方面的压卷之作。另外一种是一个叫李勣的人写的《本草》，有五六件之多，这是唐代人自己著的书。虽然如此，但是，大体上还是抄陶弘景的，可能还有陶以前的东西。陶以前的东西已经亡佚了，只在敦煌卷子里边才能够看到它。所以，许多问题在中国医学上还没有完全发现出来，经过研究，将来在整个医学界可能有大的突破。我国医学，有许多东西有人讲是不科学的，不管它科学也好，不科学也好，我们要实验，等到大批实验以后，可能我们会证明有许多在世界上还没有发现的东西。不过，书是亡了，要是没有敦煌这几个卷子，我们医学就追溯不上去，就停止在一个地方了。假若停止在唐代，就可能被人说成这个东西是从印度来的，那个是从西洋来的，都说成是他们的了。我们先人自己的创造，发明权却被外国人拿去了，这是不应该的。我们不是小气，本来医学是为整个人类服务的，中国人可以用这个药，西洋人也可以用，但是，我们要算对人类的贡献，这是应该争执的，这是我们的贡献。这是关于医学的第二件卷子。

第三件叫《食疗本草》。正式的《本草》的医理是用药来治病的，唐代以后发现一种通过饮食，利用食物治病的办法。现在民间还有，譬如豆腐，这是外国没有的，只有中国有。在唐、宋人的记载里面，起初是为了治病，后来逐渐成了民间食物中最主要的东西之一。有一个外国人写过一篇文章，说在全世界，中国人的炎症最少，他归之于中国人吃豆浆、豆腐，这话很有道理。我国尤其西南一带，豆腐渣（即挤出豆浆后而剩下来的渣）是当菜吃的。豆腐渣治疗炎症很有效，我们西南一带，民间有这样的风俗：什么地方生毒疮，就拿豆腐渣敷在上面，几天以后就好了。在民间流传的东西常与传统有关，所以，《食疗本草》就记载着哪种豆子可以治哪种病，譬如大豆治什么病，豌豆治什么病，绿豆治什么病，等等。民间有一种风俗，到了热天，大家都喝绿豆汤，因为绿豆是清凉的。这种事外国人是想也想不到的，他们到了热天，热得没有办法，找不到东西吃，只有灌冰了。待到同中国交往以后，绿豆汤先传到意大利。所以，《食疗本草》是我国医学上一种很特殊的疗法。饭是天天要吃的，吃些什么菜，就可以治什么病，这是中国人的一大发明。关于这个问题，现在世界医学界也很重视，譬如我们吃的玉蜀黍，它的油治高血压是最好的东西，中国人是早已晓得的。《食疗本草》在民间是亡佚了，但是，在敦煌，发现了好几个卷子。此外，还有好多东西，前些年，浙江省图书馆出了馆刊，叫《文澜学报》，载了朱宗瀚先生的一篇文章，内容是关于敦煌本《本草》的研究。这篇文章很重要，在国内，除此以外，别的还很少看见。日本人得到敦煌的《本草》卷子，在大量地研究。这个东西，日本人研究得比我们好，这是我们应该警惕的。

还有医方，害什么病，开什么方子。外国也有医方，但是，都是成药。中国却不是，都是拿原材料来配搭。中国医学的长处在这个地方，短处也在这个地方。你要是学得不好，看病是不行的；学得好，看病是了不得的，所以，医方在中国医药上是很特殊的东西。外国人用成药，眼睛痛，滴一点什么药水；肚子疼，给一种什么药。中医也给药，但是，这药都是医生临时配搭的，三个医生给三个病人看病，虽然都是肚子疼，但是，彼此的开方可以不同。为什么呢？中医的医方是结合整体诊治的，你说我这个地方跌伤了，起了疙瘩，可以给你配一种药，不是涂伤口，而是在了解了你的身体以后，给你吃一种药，自己消掉了。它是从整体来看问题的，这正是中医、中药高明的地方。中医很少有所谓特效药，西药几乎都是特效药。特效药就是对这个病用的。用中药，没有太大的毛病，不过有一点，就是医生要学得高明，要是不高明，是会害人的。

敦煌的医方，我所看见的大概有六七个卷子，它们同现在的方子是不同的。现在开的药方大约有十二味、十四味，而敦煌的药方顶多是四味，都很简单。还有一种药方很特别，就是吃了这个方子以后，还要吃什么药，饮食要怎样调理，叫《疗服石药方》。我曾把它的特点很详细记载过，用这种方子治病，不仅可以治愈，而且从此可以永久根除。

还有两件东西同医药有关系，一种是讲针灸的，哪个穴位怎么样，哪个穴位管什么毛病，唐代医书中有的，敦煌医书中也有，大概有三四个卷子。这些书不仅仅我们后人看不见，连两《唐书·艺文志》也没有著录，是很奇怪的。因此，就有人怀疑，这种针灸方法可能从中国西北来的，但是，也没有特殊证据。我们现在的针灸，不仅在国内，而且在全世界都是了不起的。从全世界来看，只有中国有针灸，别的国家没有。针灸情况在敦煌卷子中说得非常清楚，人身上的穴位说清楚了，哪个穴位针治什么病也说清楚了，譬如咳嗽，就针左右手的虎口，不用吃药，再严重的咳嗽，一针就好了。听说有位针灸专家研究过这类卷子。另外，近来报载北京有一位姓王的医生，用的是古方，他的针不像一般针灸用的针，一根插下去就算了。他用的是金针，金针上有一个洞，针灸时，他把艾放在上面，一烘，有股热气钻了进去，这种针的效果最大，普通针是银针，银针没有洞，而金针有洞。据他讲，他就是得的一个古方，我相信这个古方是有的，那么究竟在卷子中载没载着，不晓得，不敢说。

切脉也是中国人的发明，现在流传最广的是《脉经》，是六朝的东西，但是，已经亡佚。现在流传的都是唐、宋以后人的辑本。完整的一件在敦煌发现了，叫《玄感脉经》，这是中国医学了不得的事情。他们的经验是从哪里来的？斯坦因在玉门关曾经发现一只药箱，里面装了若干药，应是汉朝人送给在玉门关一带守边的军士用的，这些药的品名，一直到现在还没有完全了解。假若了解以后，同敦煌的《本草》、《食疗本草》肯定有关系。我们国家在不断地发现许多东西，也在不断地说明我国文化水平是如何的高。假若把敦煌的东西同玉门关，乃至于同吐鲁番、高昌等新疆的东西结合起来研究的话，我国古代文化许多东西，还可以有新的发现。所以，现在的敦煌学，要把吐鲁番的文物结合起来研究，可能这是一个大的体系，以上说医学。

下面讲日历，现用的日历，是新式日历。而旧式历书不同，除了哪一页哪一天以外，底下一定有甲子，甲子下还有一个黑圈，里边注利忌日（写着今天是专门利于东方或西方或东西南北，利于结婚，利于出丧或利于什么，不利于什么等，这就叫利忌日），这样的历书叫具注历，在我国历史上通行得非常久，非常早。敦煌发现的也有具注历。解放后，具注历不用了。解放后的历书讲现在可以耕田了，可以栽秧了……专门讲农事，别的事情是不讲的。将来说不定再隔若干年，工厂里，如织布工厂或打铁的工厂，可能也有什么时候应该织布，什么时候应该做什么的玩意儿，这是一种经验，人类自己的经验总结起来以后，写在书上，要人们照着去做，就是如此，并没有什么了不得的。

敦煌也有一样东西同现在的历书差不多，即七曜历，大概有八九个卷子之多。外国人说中国没有七曜日，是我们西方传去的，是摩尼教传教士带来的，于是乎，它的发明权就属于摩尼教教徒去了。但是，这是外国人讲的，讲得最起劲的是法国人沙畹。沙畹、伯希和两人对于中国的东西是研究很深的，但是，他们有一种看不起中华民族的思想，什么东西都不是中国的创造。我国很早已经发现美洲大陆，史书上清清楚楚记载着，但是，他们绝不肯承认，说一定是他们的哥伦布发现的。以前，争不赢他们，因为他们的政治力量大，可见，文化学术也服从于政治，我们没有办法，我个人就有过一次体验。在法国时，写过一篇文章，说美洲是中国人发现的，根据就是法显的材料。一家杂志准备登载，送给伯希和去看，他不看文章，看到题目就还给我。连声说："不可能！不可能！不可能！"我很气愤，但是，他年纪比我大，地位比我高，没法说，只好收回来。他们就是如此。七曜历本来在中国是古老得不得了的，《易经》说"七日来复"，春秋以前已经讲了，为什么你们研究中国的东西却不管这个呢？你们说七日来复还不能说七曜，那么，汉文帝时，七曜之说已经在历史上看见了，《汉书》是东汉时写的，还有什么可讲的？不仅如此，《汉书》之后，历书不断地记载了七曜的话。所以，这些事是令人愤慨的，不能不争的。过去我们政治上没地位，我们争不赢他们，可现在我们政治上站起来了，他们不敢说这个话了，我们现在更拿得出东西来。中国历史上的七曜历有几样东西同现在不同，七曜是日月金木水火土，即五行同日月，他们说的不是。他们利用了有一个敦煌卷子中七曜的名称，譬如日曜日用"密"字来代表，月曜日用"漠"字来代表，土曜日却叫"云汉"，等等。其实这些名词都是译音，至于译哪里的音呢？到现在还没有考证出来。大概不会是印度的，印度虽有七曜之名，但是语音对不上，同摩尼教民族的音也对不上。尽管敦煌发现七曜历的日历名字，我们还不了解，但是，不能为了一个名称就否定这件事同中国有关系。这些名称可能原来是中国的，外国人来了之后，用了外国名字，如此而已。等于中国有名学，而外国叫逻辑，于是有人把中国名学叫中国逻辑。“逻辑”两个字是翻译“logic”的，因此，不能说逻辑是外国的，中国没有逻辑。七曜日的名字虽然不是中国的名字，可是，中国有七曜日，日月金木水火土，这些名字是哪个国家的，谁也拿不准。不过，这件事也有大好处，可以根据这些名字查我们西部、土耳其、巴基斯坦、印度以及中东一带的民族，会不会是希腊的、罗马的……要有人研究。可惜我是没法子研究了，外文懂得太少，这件事要大家努力，不努力是不行的。连先人的东西我们都不知道，而被外国人强占去，这是我们的耻辱。一个读书人应该知耻，耻在哪里呢？就在我们自己的东西被人抓走了还不晓得。

敦煌历书还有一点很特别，历史上所有皇历一定是中央政府颁发的，唐代也是如此，可是敦煌却自己搞日历。大概在唐末五代，唐家在河西走廊以西已不大有力量了，历书颁发不到了，没有办法，就自己造历。因此，敦煌有好几位大历学家，最重要的是翟奉达和翟文进父子俩，也可能是叔侄，所有敦煌历书都是这个系统的人造的。因此，敦煌历书保存下来，不仅可以考见那个时代的政治力量情况，而且也了解到这些历书同中国旧历书是配合的。所以不要小看这个卷子，牵涉的面很广。除了这个历书而外，还有两样东西也应当晓得：一是占星术，看天上星宿，就是旧史书的天文志，哪个星宿是怎么样的，在哪里，哪个星宿哪个季度在什么地方等等，记载得很详细。大体说来，敦煌发现的占星术同中国旧的占星术没有太大的差别，虽然不像七曜历那样可贵，但是，也是一个好东西。第二种就是日历，日历带动着占星术以及当时的民间风俗，就是说到过的利忌日等，几乎民间风俗全拿具注历来指导，这是一件很大的事情。单单把利、忌这两件事拿来看，就可以知道唐代民间风俗，我微微研究过，这个风俗同农业的关系最大，从而说明唐代还在农业旺盛时期。

总之，卷子中的宝贝太多了，整个中国文化都在敦煌卷子中表现出来，不论什么文化，乃至于武化，也在里面。譬如少林寺，虽然是唐以后的东西，可是在唐代已经有僧兵，庙子里的兵都讲打的。在敦煌那个时代，庙里养了若干小和尚，从小教以拳术、刀枪等十八般武艺，成了大兵。有些皇帝就利用僧兵夺取政权，这种事在唐代以前就开始了。所以说，敦煌的材料不得了得多，看见这些东西，有点爱国心的人真是感激涕零的，为后世子孙好好保护我们的文化，是我们最大的责任。

第五讲　敦煌艺术内容简介

我不是搞艺术的，这里只从敦煌艺术同整个文化的关系上讲一讲，主要目的是为讲文化服务。我们所见的中国最早的艺术品，是在殷墟出土的，是商代的东西。殷墟发掘出来的几个石俑，有一个是站着的，手拿一支手杖，穿短衣，形象同现在的北方人相似。这是中国人物造像中最早的一个，用的是硬石，即现在所说的硬玉。还有一个也是用硬玉刻的、蹲在地上的老头子，脸面似乎是原始人类的本来面目。从中可以看出：在殷商时代已经有模拟古人样子的艺术品了。此外，还看见许多其他的玉雕，龙啊虎啊之类，玉雕的龙和虎在殷墟发掘出来的东西中是最多的，当然也有玉雕的蝉和其他鸟兽。这些东西跟我们的绘画，跟我们的文化关系很大。如玉雕的蝉大概就是古人死后含在嘴里的东西。古人把玉看得很重，制玉的工人很多，可能有很大的制玉工场，所以，在古代文献里，经常提到玉什么玉什么。纣王就是穿着玉制的衣服烧死的，武王打到他宫里去，发现有几万片玉石，都是刻好了的。从考古学角度来看，所有这些玉雕除了鸟兽虫鱼而外，都是象形的。有一大部分是古石器时代的，仿照原始人类的石器来雕刻的，用来佩戴在身上，这是民间风俗转而成了礼俗的例子。民俗转而为礼俗，礼俗转而为民俗，这两件事情在中国文化史上交错进行着。玉在中国古代为什么这样受重视呢？主要同艺术思想有关，希望雕个小虫，或老虎，或飞鸟等等，作为一种艺术品来欣赏。再有一个原因就是，当时人们愿意用玉雕成斧、凿、钻等工具，作为勇武的象征，佩在身上。中国人喜欢用玉作佩，一串串有象天的，有象地的，有像人的脑瓜壳的，还有像人身的其他部位的。到了周代，就有佩芳、佩用、佩德等等的说法。什么叫佩芳呢？大概上边是一个佩玉，底下拴一个香囊，这就是佩芳。佩用呢？就是射箭时用玉制的板子，因为弓弦弹出去，会把手弹坏的，所以，用玉做过板子。佩德呢？就是佩个玉表示自己有道德。这有两种作用，一个人身上挂着一大串玉，走路时就不能乱跑，就得慢慢走，因而也就显得规规矩矩了。朝见统治者戴什么样的玉佩，都是有规定的。我们看古装戏，不是他们手中都拿着朝片吗？后人的朝片是象牙做的，上古的朝片是圭做的，要禀告什么事情，就写在这上面。

见天子，见父母，要禀告什么事情，都要写在这上面。玉的作用在中国古代是很重要的，因而用玉做艺术品是很普遍的。到春秋战国以后，它就成了礼俗。一个人有什么品爵就佩什么玉，例如天子冠上有十二股旒，上面都是玉石珠子。大夫有大夫的佩，读书人有读书人的佩，小孩子也可以佩点什么东西。春秋时，玉佩的名堂，成了一个很重要的礼制。所以，天子册封皇后要用玉做玉简，刻字在上面。诸侯相见，会盟，赌咒发誓的载书，也是用玉做的。这些年来，考古工作者发现玉制品很多很多。

到周末殷初，又有一种新艺术品，这就是青铜器，钟啊鼎啊，等等。这些东西都是用青铜做的，甚至洗澡用的大缸也用青铜去做，装东西的盘子也都用青铜去做。铜器上的花纹也是古代艺术，也是了不得的，只是国内还不大有人作过详细的研究。欧美学术界人士研究中国铜器上的花纹，成了风气。当初，我在国内，也搞搞铜器，可是，我并不太懂，等我到巴黎，去看他们的博物馆。有个博物馆专藏中国铜器，在他们的展览橱里放一个中国铜器，墙上贴着说明，我看到后很有感慨。他们把那个铜器的合金成分写得清清楚楚，还把这个铜器上边的花纹是什么也都说得详详细细。我大为惊讶，这里边有很多学问，也是我们中国文化史上的宝贵财富。我立即抄下，回国后，给研究铜器的朋友看，他们也很惊讶。铜器上的花纹是有学问的，国内现在有人注意了，但是，没有写成具体的东西。例如容庚先生是我们这辈人中研究铜器最出名的，他也说不出道理来。铜器上的许多花纹，都表现出一种意识形态，甚至表现出一种民间的风俗习惯，这是我们要好好学习、好好研究的一个方面。

除此而外，古代文献里还有屈原的《天问》，这篇文章应该说一说。王逸说《天问》上的东西，都是当时的图画，画在墙上的图画，等于我们后人的壁画，就像敦煌莫高窟的壁画。《天问》里的这些画从天地鬼神人到草木鸟兽虫鱼都有，可以说是中国古代艺术的总汇。天是怎么画的，地是怎么画的，人是怎么画的，物是怎么画的，都有一定的道理。后人拿这个东西来猜测和模拟，画些天问图之类的东西。宋以后画天问图的人是很多的，画得对不对，姑且不论，至少可以窥测出几分来，尽管不一定都正确。这一批画同记载这图画的《天问》，是很值得研究的。这关系到我国壁画的来源。还有唐代人写的文章，讲秦始皇造阿房宫（当然这篇文章是想象的作品），也是很有气势的。从近年在秦始皇陵出土的兵马俑看，那规模也确实是很大的，兵俑马俑同真人真马大小差不多，人很魁梧，有骑在马上的，有牵着马走的。所以，中国的艺术品是了不起的。有一只铜制的天马，在表现它飞跑的气势上，艺术家的想象力真是丰富，这匹马是在天上狂飞。正因为它表现了高超的艺术手法，美国博物馆拿它去作为博物馆的徽章。这些东西同莫高窟的东西，是可以接上气的，文化中的线索没有断，这是我们应该晓得的。从秦始皇陵的兵马俑有那么大，可以想象唐代人夸张的《阿房宫赋》里的描写也是有可能的。我国的艺术在战国以前，就已经是了不得的。如音乐，在湖北省随县发现的曾侯乙墓中的乐器，拿乐律来校，就是世界上最完整最早的乐律，比欧洲的早八百多年。可见，我国古代的文化该有多么高的水平啊！

秦代以后，绘画已经很盛了。屈原的《招魂》有“像设君室”的话，是告诉楚怀王：快回来吧！你的房子里摆上了你的画像。可见，战国时候，画像已是很普遍的事情了，现在，这些战国以前的东西都几乎考不出来了。近三十多年来，考古工作者发掘出一些文物，这是很大的成就，说不定若干年后，还能发现一些更宝贵的东西。在山西、陕西一带发现的所谓载书，记两个诸侯会面发誓，誓词写在玉石上，用朱笔写的，那时我们中国就用颜色了，不单是用墨写字，而且也用朱写字。这些东西，将会一样一样地被发现。敦煌所有的艺术品，几乎没有一样找不出它的老根来。我们研究敦煌艺术要同我们的老根相结合，不能只用敦煌艺术本身的进退来研究敦煌艺术。

两汉的艺术在我们的文献里是非常丰富的。汉代的政治制度本来是跟着秦家走的，在文化上，许多事情是采取把所有老百姓的能量都集中到长安了，不论官家也好，民间也好，都有许多详细的记载。先讲民间的，如山东孝堂的石刻，是人人都知道的，这是民间做的事情。民间祖先的坟上，刻着二十四孝，多得不得了。除此而外，有刻古圣先王的，有刻园林的，有刻房屋的，有刻花鸟鱼龙的，有刻太阳神月亮神的，多得不得了。我们研究汉代画砖，材料最为丰富。听说科学院在整理这批画砖，将来有可能有一部中国历代各地画砖的专书要出来。姑且举四川成都杨子山画砖为例，有伏羲同女娲的像，有日神月神的像，还有当时的人情风俗，有耕田的、犁地的、射鸟的、打猎的，还有建筑物、亭台楼阁花园，应有尽有。所有这些艺术都是民间的，不是国家的，但是，丰富多彩啊！我看过它的一个亭台楼阁花园的像，真是了不得。这个花园外面砌有围墙，画家是站在围墙的高处，通过围墙看里面的东西，看得清清楚楚，哪个是亭，哪个是台，哪个是房子，哪个是花圃，哪个是水沟，样样都有。这样精心结构的艺术品，后代的画家去临摹恐怕还要花点力气的。民间的艺术，是我们中国艺术的主体之一，但是，我们现在见到的很少，文献上也不大记载。不是我们老百姓的文化水平低、艺术不好，而是记载的工具掌握在统治阶级手里，他们把自己的作品记得非常完整，而讲到民间的东西则比较简略，这是我们应该注意的。至于官家的东西，像汉文帝未央宫里承明殿上的大壁画，是很有名的；汉武帝甘泉宫的天地鬼神的壁画，是同我们的天文相通的；还有汉昭帝赐霍光的周公负成王画，是画人的，周公辅佐成王，安定了周家的天下，霍光辅佐昭帝，也把汉家的天下安定了，所以，就赐一幅周公负成王图，把霍光比拟成周公。这幅画很好。汉宣帝有个麒麟阁，麒麟阁里把所有功臣都画个像在上面。汉成帝时在甘泉宫画赵充国的像，还有匈奴人的像，也有毛延寿在宫中所画的那些像。传说中不是有个毛延寿为王昭君画像的故事吗？匈奴王来向汉家求婚，汉元帝就把毛延寿画的王昭君画像送去了。当汉元帝亲眼看到王昭君时，觉得她漂亮得不得了。后人说王昭君的出阁是失之于毛延寿的画本，他画得不漂亮，若画漂亮了，汉元帝就舍不得把她嫁出去的。不管怎样，毛延寿在宫中的画像是不少的，历代都有记载的。还有毛延寿的一篇《鲁灵光殿赋》，跟《天问》一样，是讲鲁灵光殿像画的是什么，画的东西很多，天地鬼神都有。还有云台地方的二十八功臣像，也是有名的。不仅如此，汉武帝时还设立了一个衙门，把能画的人都搜罗进去，叫做秘阁。这个秘阁，把天下的画都收藏起来。汉灵帝自己会画画，也非常喜欢画画的，他另辟了一个画室，又创立了鸿都门学。明帝时，佛教传入中国，画家就把佛教经典里的画画在白色的毡上，还有的画上佛像。当时，这些东西造得很多，都在所谓清凉台上和他的显节陵上，内画了天神万骑绕塔走的像。天神万骑绕塔走的像同敦煌的张议潮出行图、曹元忠出行图很相似。那时在洛阳的白马寺里，集中了天下好多艺术品，这些东西，汉家是好好保存的，董卓之乱烧毁了，这是中国艺术史上的一个大损失。汉代造型艺术的水平已经很高，有画天地鬼神的，有画人物的，有画建筑物的，也有画故事画的，就是说，敦煌壁画和彩塑这一类东西都有了。还有一件是别的国家所没有，只有中国有的，在敦煌只发现了一个，就是所谓葛苎的像，就是拿麻做成一个人的壳壳，然后用漆漆起来。这苎漆的像一直到今天，敦煌石窟里还有。这种工艺到了明代以后还有，浙江天台就有一个葛苎的像，麻织得很细，织在头上，织在身上，织好了以后，慢慢地剥下来，拿漆漆起来，于是就成了一尊像。拿漆造像，这是世界上其他地方所没有的。现在还有许多埋在地下的文物，没有拿出来，如汉代有铜鼓，铜鼓上还雕有许多花纹，现在这东西在广西、云南、贵州都还有。云南博物馆现在大概藏有几十个铜鼓，不仅雕刻是细致的，而且上面还有用铜做的人哟牛哟马哟，等等。我们晓得诸葛武侯征南蛮时，他用的蒸饭的甑子，就是铜鼓。铜鼓这东西在西南流行，没有进到敦煌去。象牙雕刻在敦煌也发现一个。象牙雕刻的东西，在广东、福建、云南这些地方，是了不得的。一个象牙可以雕成十八层，每层里边又雕成十八学士登瀛洲，山哟水哟鸟兽哟挑夫哟，等等。这个艺术并不是外人传的，是我们中国人自己的。听说罗斯福总统六十岁生日时，我们中国送给他一个雕刻，将罗斯福总统的像雕上，每根头发每根眉毛都是一句英文。整个像不过四寸多大，这个工艺品真是了不得的呀！敦煌有刻经，木刻的经典，刻得很细致，连现代雕刻家也赞叹不已。雕刻在敦煌是有的，再往上推，敦煌以前的雕刻，汉代的雕刻在考古中发现得很多。我们的文化是古老的，是光辉灿烂的。

关于敦煌艺术的来源问题，国内已经有人讨论了。有人说敦煌艺术是从印度来的，好像同中国没有什么关系。他们这样说的理由是，认为敦煌艺术的主要材料都是印度佛学的东西。我个人认为，这话有一部分是正确的，如释迦的塑像，当然是抄印度的，佛经里面的故事也是从印度传来的。这是事实。但是，有个问题应当说明，如释迦的塑像是原封不动地从印度抄来的呢，还是抄它的大概呢？假如是原封不动地抄来的，我们就应该承认敦煌艺术是从印度来的；假如不是，而是只抄它一部分，那就另作别论了。据我所知，有些材料（素材）是从印度来的，而艺术本身（塑成一个像，画成一幅画）却是我们自己的东西。譬如释迦涅槃像是哪个地方都有的。释迦睡着了，静静地睡着了，他的右手托住右腮，左手长长地放在左腿上，身后边还站了一大群人。可是，在中国所造的塑像中，释迦牟尼的面孔大多数不是黑的，不是印度人的面孔，而是中国人的面孔，这是一点。第二点，释迦睡的方法及其手的姿势虽然跟印度的一样，但是，绕释迦睡像旁边的人就不同了。在印度，大体是一些印度小国的人，面孔是黑的；但是，在中国，这些人的面孔却不是黑的。这里有很多是中国人的像，是中亚细亚一带人的像，而最多的是新疆吐鲁番人，因而，不能说完全是从印度抄来的。第三点，在一些画像里，不管是维摩问病也好，释迦出家也好，这些画尽管基本相同（如释迦出家做和尚，印度画他从城里翻出来，中国也是这么个画法），但是，中国画始终是线条画，印度画始终用的是晕染法，不是线条。这个差别说明，故事尽管是印度的，画法却是中国的。因此，我们说，敦煌艺术虽有印度的故事，印度的风格，但是，整个说来，还是中国化了的。

敦煌艺术的来源，我认为初期所有造像和图画，是从中国南方来的，到唐代以后，才掺上西方来的。这话怎么讲呢？汉明帝以后，中国同西方的交通，并不是从敦煌和玉门关这一带出去的，主要的还是从福建泉州、广西北海这一带出去的，印度僧人到中国来也是从这地方来的。那些印度僧人到了南方，大量造像和画画，这在历史上是史不绝书的。因而，敦煌初期的艺术品大抵是抄袭南方的，抄袭广东的、泉州的、建康的、杭州的。中唐以后，中国同西方的交通，就是所谓的丝绸之路才打通了。这个打通，细细研究，可能在玄奘去印度取经之后。从玄奘到印度的故事看来，他所走过的路是非常艰苦的，丝绸之路的情况跟这不同，比这好得多。玄奘从长安到敦煌到玉门关，再出去，简直不得了，要经过吐鲁番一带，火焰山在吐鲁番，并不是真有火焰山，就是吐鲁番那里气温很高，那些到西方去的人走到这里都支持不了，所以称它为火焰山。我认为：是从南方到东方到洛阳，再到敦煌，这样的路线去的。唐代中叶以后，这种艺术又是从印度进入新疆境内的，先到高昌（吐鲁番），再到玉门到敦煌。我有一篇文章，大体说敦煌佛教艺术是从南方去的，绝无可疑。为什么呢？张僧繇画的佛画，佛传图是中国画释迦牟尼生平事迹最早的东西之一，虽然早已亡佚了，但是，从历史上我们是可以考证出来的。张僧繇是南朝梁人，这个东西成了中国绘画的四大典型之一，是极有名的。第二个是曹仲达，是北齐时期的，他曾有好些画在南方。以后北方也有画家了，如董伯仁画的白雀寺，就是在北方的，北齐有位画家叫刘杀鬼，杀鬼就是把鬼都杀掉的意思，因为他善于画鬼，鬼都怕他，这是传说。他在大顶寺画过画。这时南方所有高僧都是从印度来的，从广东来的最多，从广东引进许多佛像，再到建康，再发展到杭州，再发展到洛阳，画家多得不得了。释迦的画像乃至于塑像都有了。这一带的大庙都是从南方向印度请进来的稿本。敦煌初期的东西，还比较粗野，没有表现出线条的艺术，还是用涂染的方法做的，这说明北魏时期敦煌的艺术品是受南方影响的。南方的影响又是从印度来的，鸠摩罗什从后凉进来，他本是龟兹人，他带进释迦像和印度画，大同和洛阳的造像越来越同敦煌接近。这时敦煌所有的造像、壁画都同洛阳、麦积山、大同很接近。因而，渐渐变，变到唐代中叶，大量的佛教东西进来后，敦煌艺术变了。

这里有个转折点，即在唐代，印度东西大量进入中国以后，反而中国化了。由于西域（新疆一带）艺术品同中原艺术品早已结合，所以，在敦煌艺术品中也显现出是一种中国化的东西。极盛时期的敦煌艺术品是同犍陀罗有关系的，但是，它的基本方法仍然是线条画，反而使犍陀罗式的画少了。唐代同西方的贸易很繁荣，西方的商人、传教士、读书人，便把印度东西带进来。印度有个大庙，叫阿旃达，它里面的东西也传到了中国。阿旃达这个庙子很奇怪，开始兴建比敦煌早五百年，但是，进度很慢，它的建成却比敦煌晚二百年。所以，阿旃达的艺术品到中国来也是迟的。前面讲的从南方从东方传来的并不是阿旃达的，大体是印度小国家的东西。阿旃达艺术到中国来是在唐以后，来了以后便中国化了。至于中国的东西是不是也影响到阿旃达呢，这个问题还没有人搞，要待研究印度艺术的人给我们解决。关于中印艺术互相影响的问题，我另有一小段文章，所以，中印艺术的关系就说这一些。总而言之，中国艺术肯定有印度艺术的影响，不过方法还是中国的老方法。初期，中国人抄袭印度，北魏以后，慢慢改变了。现在从敦煌的本子里可以看出，所有的图片只要是北魏的，如释迦说法图就不是线条画。以后越走越远，这件事是非常有趣的，同中印交通有关系，现在还解决不了。我们希望将来研究敦煌的同志有人去阿旃达，在那个大庙里，研究三五年乃至十几年，把那里的艺术品搬过来，也把我们的艺术告诉印度同行：你们的阿旃达可能也有我们中国的东西。

还有一个问题可能不是艺术家所需要的，而研究历史的人却是需要的，就是敦煌艺术品里，在唐以后，每个供养人像上面都有一个题衔，如曹元忠是敦煌王，后来封为归义军节度使，因此，只要是曹元忠画像，都有个题衔——归义军节度使曹元忠。不仅是曹元忠这个领袖人物，就是其他供养人的画像也有，每个画像侧边都有个题记，写上某某供养。某某者，把自己的身份说得清清楚楚，如她是曹元忠夫人，她是曹元忠大女儿，她嫁给谁，她是哪个国家嫁给曹家的，她同曹家的关系怎样等等。这些材料，在中国正史上是没有的，敦煌洞窟打开之后，研究者也没有注意到。我开始注意，把所有题衔搜集下来，进行安排，分析他们之间的关系。哪两个是夫妇关系，算第一级的；哪两个是父子关系或者是母女关系，算第二级的；哪两个是爷孙关系，算第三级的，一样一样地把他们安排起来。有的女子是于阗公主嫁过来的，有的是吐鲁番的公主嫁过来的，也有的是曹家嫁给于阗或吐鲁番或龟兹的，把这些东西一个个地料理清楚，写成一篇文章，名叫《曹氏世谱》。有一个很重要的问题，就是曹家为什么能在敦煌维持好几百年，直到宋高宗时还有人同西域关系密切，甚至唐末大乱，新疆还那么安定，肃州以外的少数民族对唐家和宋家没有侵扰。这是个政治问题，其纽带可能是曹家父子祖孙同西域诸国以婚姻关系联系起来的。在曹元忠之前的张议潮也是敦煌节度使，也以婚姻关系同西域诸国联系起来的。因此，最后结论是，不要把这件事看轻了，只是通婚而已，而要看到它的政治作用是很大的。

在中国历史上，有一件事是非常有效的，那就是通婚。通婚之事，春秋战国就有了，那时，周家子孙都要外人家姑娘，而那些非周家同姓的诸侯却娶周家的姑娘为后妃，他们是拿婚姻关系作为政治辅助的。汉代也这样，王昭君出塞是很有名的，唐代的公主一个个嫁出去也是很有名的，都是拿婚姻做联系，它在我们历史上是一个策略。这个策略对于中国边疆的巩固，有很大作用。唐代不用说了，后来清代对西藏也是用婚姻联系的。清高宗为什么要找个香妃？婚姻关系啊！清代为什么把姑娘嫁给西藏大和尚？婚姻关系啊！张曹两家的婚姻关系，详细说是琐碎的，可参见《曹氏世谱总表》。曹议金是曹家的始祖，有妻子三个：一个是索氏，一个是王氏，还有一个李氏。这些事情都同敦煌周围的少数民族有关系，例如李氏是回鹘公主，曹元深是她大儿子，其妻封谯郡夫人。曹元忠妻子翟氏也是西北少数民族。曹家也有许多女子嫁给少数民族。曹元端的长女就嫁给圣天可汗，他的次女是于阗皇后。很有趣的是，嫁给于阗的这个女儿的女儿，又是曹元忠侄儿的妻子。亲戚关系密切得不得了。

关于敦煌艺术的总结：从文化史讲，敦煌艺术是中国传统艺术的一部分。中国传统艺术经过殷墟发现的东西，一个人俑，一个石刻，青铜器的花纹，等等，都说明中国艺术的源流是很早的。殷周艺术并不是在殷周一下子冒出来的，而是经过若干年的演变，才到达这个阶段的。可惜前面的演变找不到根据了，没有材料了，只好等待考古的新发现了。殷周以前的艺术品民间的多一些，如陶器上的花纹，铜器上的花纹，都表明民间的爱好和风俗习惯。中国民间艺术，只有考古发现的东西，我们才能看见。战国以后壁画开始有了，塑像也开始有了，秦始皇陵的兵马俑，艺术水平很高。壁画在屈原的《天问》上已经讲到了，到了汉代，从文、景、武以及昭、宣、元、成等皇帝的时期里，都有画像，画麒麟阁，画周公负成王的像，画二十八功臣像，可惜都已亡佚。但是，考古发现的东西很多，如杨子山的砖画，山东也有，四川也有，这些东西都是敦煌艺术的根源。所有敦煌艺术没有一样不同中国传统文化发生关系的。若是上边这些话都不管，那么，敦煌艺术的来源只好请印度帮忙了。即使这些东西都没有了，但是，我们历史文献上是有的。敦煌全部艺术是同中国艺术一脉相承的。中国绘画是以线条为基础的，这个线条的根源就是中国文字，所以，有书画同源的说法。敦煌画也是以线条为基础的，不过敦煌画虽然以中国方法为主，但是，题材是从印度来的，这是不可否认的。敦煌早期的雕塑还有印度痕迹在，大概是从中国南方去的，因为唐代以前的雕塑是从广东、泉州同印度发生关系的。唐以后有阿旃达的因素，不过基本上还是中国的东西。这就是敦煌艺术的来龙去脉。

第六讲　敦煌卷子的研究方法

敦煌卷子的本来面目只看缩微胶卷，许多地方可能还要发生讹误，因此，讲一讲，对于大家将来研读缩微胶卷是会有帮助的。像这样从卷子本身来搞，似乎还没有人讲过，内容很复杂，很琐碎的。所以要分得细致一点，一件一件地讲。

① 卷子的数目。到底有好多数量，直到现在，还没有办法作出一个最精确的统计，许多卷子藏在其他国家的博物馆、图书馆或者私人的手里。因此，只能说个大概，约六七万卷之数，可能还有二、三、四万卷在外面，将来总数说不定在十万卷左右。但是，所谓一卷，科学地讲，应该包括一个问题或一部书，而敦煌卷子因为年代久远，贴的扣子、粘的糨糊脱掉了，因此一个卷子可能分成二卷乃至十几卷的。所以，现在说的卷数不是学术的卷数，而是具体形象的卷数，这是关于卷数的两个不同含义。将来敦煌学发达了，都能够拼接起来，把十

几个小卷拼成一个大卷。那么，数量就不会这么多了。不过真正的科学卷数，现在根本不能说，至于一卷卷的数量，散在民间的，散在别的国家的还很多，我们也不能说准确。

② 卷子本身的分类。大体说百分之九十以上是佛教经典，而且经、律、论三个部分都有了，其余百分之五到百分之十的卷子大概是儒家经典、道家经典、历史材料以及社会史料、民间契约等。尽管按它的内容来分，可能分成十类八类，不过简单一点，可以分为两类，即百分之九十以上的佛经为一类，其他的为另一类。这样分法，现在编敦煌卷子目录的人还没有注意到。现在的目录只是单纯的编号，从伯希和、斯坦因的编号，乃至日本大谷光瑞的编号，都是拿起一个卷子就编一个号，并没有分类，所以只是一个总目录，就好像普通图书馆里的登记目录一样。而要用他们的材料现在也只好用他们的编号，不过，希望将来做到每个卷子都能照学术的规范来归类。现在可以先分佛经和佛经以外的卷子两类，没有办法再细分了。

③ 从卷子外形看，大体有四种情况。一种是长卷，即很长的卷子，后面一头有木头做的轴，很多也没有轴。到底是原来就有，还是脱了，后来再加上去的，我们都不知道。长卷以佛教经典为最多，儒家经典没有这个样子，一个长卷往往包括

一部书。第二种是裱背。这个术语是借用的，裱字画的叫裱背装，又叫装裱。这里讲的裱背只是卷子背后糊上一层纸，现在叫“拓”一下。裱背有两种情况。一种是原来就裱背的，唐代已形成风气，凡是写好东西，再拿来裱上一层，当时国家档案室里都有裱背工匠，敦煌庙子里大概也有这种工匠，这种卷子比较考究。也有本来不是裱背，后人整理时裱上一层的。后人的裱背，会出问题，譬如P. 2011卷，原来是两面写的，没有办法裱背，假如有裱背，那是后人糊上去的，背面就无法看清楚了。刘半农先生的《敦煌掇琐》录了这个卷子，由于他没有注意到这件事情，把它当成一面，所以，他的书里就脱了一页。因此我们研究敦煌卷子，卷子外形是很要考究的。我不知道现在的缩微胶卷，后人整理的裱背看不看得出来。假如把后人的裱背看成前人的东西，那就糟了，所以，这件事情，特别要在这里重点讲一讲。第三种就是蝴蝶装。蝴蝶装是两面写的，这面写好以后翻过来写，就好像现在报纸两面印的一样。两面写的东西要装订成册，就在中缝拿糨糊把这些贴上，翻起来一页一页的，好像蝴蝶一样。蝴蝶装有原装的，也有后人装的。这件事对于卷子本身没有造成太大的差误，虽然偶然间也会糊掉一行两行，但是，问题不太多，不像裱背那样大。第四种是散页，背后不裱糊，也不装订成册，大体是旗帜、图案、信件、收据和契约之类。这是特殊的东西，要说学术上的价值，好像比佛经、儒家经典要差得多，但是，在社会史上却是很重要的。譬如说某农民从某个寺庙借了两袋米，以后还一个毛驴或两匹马，我们就晓得这个价钱了。又譬如某家的一个儿子或姑娘，送给人家做丫头或娃子，可以得好多钱等。这类契约多得不得了，可以看出唐代西北地区的民间风俗，是非常重要的社会史料。不仅如此，里面还有许多同“外国人”（指当时所谓西域三十六国）交往的文书契约。譬如曹议金、曹元忠或张议潮的儿子娶哪个小国家的公主，开了一份嫁妆的账单，记着送了哪些东西，这个礼物的价钱也是不得了的。这是一种社会风俗，最重要的。所以，散页在敦煌卷子中是非常重要的材料。不过散页失散太多，20年代，我在北京读书时，到书铺去，往往可以看到一小帖一小帖的散页。契约而外，还有许多草稿，譬如某地塑一尊菩萨，画一堵壁画，要多少钱，由什么人出钱，什么人收钱，什么人来画或塑，等等，清清楚楚的。要研究敦煌历史，这个材料是不可少的。日本很重视这种材料，哪怕一张纸片，也细细研究，看有没有用。譬如关于唐代官令品，据我所知，日本就有人写了两万多字的专论。

④ 从卷子的内部格式看，稍许复杂一些。第一是纸幅大小，多数宽二十一厘米，高十九厘米，更宽的到二十四厘

米，更小的到十六厘米，大体如此。纸幅大小与卷子有关，因为一个卷子不纯用一种纸。纸幅大小，可能是由于纸的产地不同，其中以蜀纸为最多，洛阳纸其次，江浙纸则很少见。蜀纸宽一些，也高一些，质粗一点。洛阳纸很讲究，往往送到长安再加工。纸色大体分黄、白两种，黄的姑且叫熟纸，做法是把纸打上一层薄薄的蜡，有点透光，写起来非常舒服。熟纸在敦煌卷子里是讲究的纸，用它写的都是讲究的经典，所以，《道德经》几乎都是用这种纸写的。第二是每张纸的字数、行数有约略的规格。一幅纸的行数，横数人约是丨九行到二十行，不包括双行夹注，每行大体十七个到十九个字。但是，草稿写得密密麻麻，就统计不出来了。第三是有栏无栏。每纸都打有直行格子（很少有横格，偶然也有四方格），边栏比较粗，内栏比较细，也有一样粗细的。考究一点都是边栏粗内栏细的，不过没有看见像宋以后刻书那样的款式。现在的线装书中间有鱼口，底下有写工名字，敦煌卷子只有栏。佛经甚至很少有栏，很散漫，字数也很不均匀。

⑤ 卷子的字迹。分写得好和写得不好两种，写得好的整洁得不得了，近百年来很多人学唐经，这就是所谓的写经体。看笔势，挑、捺用的可能是最尖锐的笔，唐笔现已不存，但是，现在日本笔是仿唐的。唐笔肥大，可是，挑、捺很尖，

因此，有人说唐代抄书人的笔和写书人的笔不一样。字体以颜、柳、欧三体为最多，敦煌卷子在颜、柳、欧以前的楷体字写得不好。虽然不好，但是，有点古色古香，保存着八分书的样子。当然不排除唐人写法，因为唐代是书法变化的一个转折点。写得不好的则坏得很，散页更是潦草。可能是兵或道士写的。草书极草，墨淡极，好像抹点口水写的样子。从而可以看出一种文化的成功有它那一套，写得好要有好笔、好墨等等。还有一点是两种写法，一种是两面写，后面的第一行紧接前面的末行，第二张的第一行连接第一张后面的末行。单面写的同纸质有关，纸大都蹩脚；也同内容有关，有的内容不太重视的，或者内容太多，如佛经，所以，写法同当时的需要有关系。

⑥ 卷子上的符号。大体有两种，一种加在字的旁边，另一种加在边栏之外。后者主要是数目字，如韵书，把一东、二冬、三钟的一、二、三等写在栏外。前者写在正文当中，如字书的反切上画了圈，然后标字数。还有一种符号是墨点和朱点。墨的符号是写时加上的，朱笔符号往往是校。譬如某字错了，拿朱笔点掉，重改一个。又如行数不清楚，拿朱笔在上头点，一点为第一行，二点算第二行……还有修改的符号，或用墨，或用朱点掉，侧边再写一个。标点符号虽然简单，但

是，已经有了。研究卷子，这也是比较重要的一件事情。譬如刚刚说的韵书，小韵的墨圈底下有反切，有数字，可以根据数字校有否漏字，或者反过来校数字是不是错了。佛经也有许多符号，譬如讲到释迦牟尼往往要抬头写，有时忘记了，赶快打了符号。这种情况，其他经典里没有。还有用朱或墨来断这句话或这一行的，譬如儒家经典的《诗经》，这个是哪一国风，就在《诗经》底下点一点，哪一国风下也点一点，是哪一篇底下点一点，哪一行底下点一点，于是《诗经》有好几个点，对于分段，国风、二雅、三颂都点清楚了。这是当时抄书的习惯。还有种东西是给小孩读的，譬如《尔雅》，有一个字一个意思的，也有两个字一个意思的，给点了出来，因此，这种符号，在我们看来，可能是唐人的读书方法，与对这书的认识有关，有助于校勘，可以作为今天研究整理的基础。敦煌卷子里点断句读这件事很少，不过有断号了。写到这里要抬头了，可是这个字刚刚写到底，于是，在底字地方打了钩，这就是断号。偶然也有省略号，打上几个点，但是很少见。符号问题比较重要、复杂，与整理工作很有关系。

⑦ 校勘方法。校勘方法是整理古籍的基础工作，如果日读误书，读出来也是没有用处的。敦煌卷子也有校勘问题，但是，与一般古籍校勘不同，拿一个底本同另一个本子对雠，是

传统的方法。但是，敦煌卷子不是如此，它不是交给研究卷子的人做的，而是交给抄书人做的。抄书人抄完以后，拿抄本与书核对，有错字就改，严格地说，只能说是抄书人的核对工作。譬如写错一个字，抄书人一经发现，加以改正。现在办法是涂掉或挖补，但是，卷子不能挖补，因为它往往两面写。也不知道涂的办法，顶多在这个字的左肩打两三个朱点，然后写上改正的字。假如错字太多，据我所见，可能重新写一份，没有像现在涂一个大墨钉的事情。如果只是两三个字也就算了。为了不使行款弄得太脏，改正字写得小一点，笔画也细一点。这是添字添在侧面的例子。如有倒字，有时用墨点，有时用朱点，就在当行改了，并不像后人那样打了弯，像个“S”，不用勾勒符号，也不把改正字写在眉上。另外，落掉一两个字，往往就写在当行的落掉这个字的稍下面，也不用弯弯的勾勒号。我们于是可以看出这个字是在上一个字的底下的，这是添字的办法。一个两个字是这样，假如长篇掉了，就把纸倒转来写。从掉的那个字开始写，补上以后，用勾勒办法勾进去，从左边掉下的这个字开始，慢慢画上去，画到右边下来。一两字不用勾勒，多字可能用勾勒，超过一行以外，只好换纸，换纸也有两种办法：一种是整篇换掉，重新来过。这大概是两面写的卷子，如果单面写的还有一个办法，把错的一行截掉，另外拿纸补上，补上的纸同截掉的纸一样大，再留出一个单扣来，如此而已。所有错字、掉字，用点的办法，用勾勒办法来区别，非常严格，在我所见的卷子中，没有例外。还有一件也属于校勘的，校勘完了，往往在边栏外面写一行小字，说明这一篇共有多少字，错字几个，掉字几个。这也是严格遵守的。目的是让得到这个卷子的人注意上面有几个错字，假如要重抄的话，得先改正再抄。所以，敦煌卷子里面，看不见有真正大错的字、大掉的字。还有一点，敦煌卷子是自家人抄的，我们讲过的吴彩鸾写韵书，一天一本，这本韵书在五万字以上，就无所谓校勘了。遇到这种情况，只要看哪一个收藏的，而不是哪一个写的。如《金光明最胜王经》，如果后边写是哪个庙子里的写生或者写僧写的，这是庙子里写的。如果没有这一行，那就是他自己写的。自己写的，没有校勘字，不是说没有错误，大概是他自己明白就算了，这是一种。还有一种特殊的是小孩子学写字时写的，乱七八糟。我曾经看见一个卷子，是曹元忠七岁学字时写的，有一行字“敦煌曹元忠写，年七岁”。这类东西等于废纸，没有所谓校勘。

⑧ 题衔。卷子写完，后面有许多题衔：有的题哪个人写的，有的题根据哪个本子写的，有的题哪个庙子收藏的，有的题哪个私人收藏的，大体有这四种。卷子题衔有一个两个三

个，题多衔的一定是作者、译者、抄的人和写的人。另外还有题为什么抄的、写的，往往后面有一小段话。譬如某家老婆婆为了儿媳生孩子许了愿心，等到孩子生下来去还愿，就找人抄一部经，送到庙子去，于是写了一段小文章。这种题衔就多了，往往可以从中找到许多风俗习惯，其中以保佑病人快好为最多，其次，保佑媳妇生孩子也不少。还有保佑家里人百事百顺，这是空的，没有实际对象，量最少。说明这类东西都是民间的，大富大贵的人不写经求福，而是画壁画、塑菩萨求福，譬如张、曹两家。普通老百姓即使有了几个钱，也塑不起像，画不起壁画，就写一个卷子。卷子内容以《金刚经》、《金光明最胜王经》为最多，因为这两部经在佛经里面，宗教意味最深，不是哲理意味最深。所以，求福的人大都写这两部经。写经求福的人叫供养人，有的卷子写了作者、译者以后，最后是供养人的名字，可能还有某庙子收藏的字样。敦煌卷子中有浙江庙子写的经送来收藏的，可以看出当时佛教的流传。所以，哪个庙子收藏也算题衔的一种。对于研究工作，题衔是很重要的材料，譬如从作者可以看出卷子的年代，这是一点。写经人是当时贫寒的读书人，一辈子不只写一个经，每个经都有年月日，假设从开元二年到大德五年，那么，这个人是这个时期的人，我们可以借它断定其他卷子的作者和时代，也可以了解某个时代里，某些经典写的人最多。研究卷子的年代是很重要的事情，所以我在自己的《敦煌学论文集》里写了三卷书：写生名字、经生名字和寺庙名字，各自编成一卷。

⑨ 卷子上的记时。读敦煌卷子，往往一不细心，就把年代定错了。譬如这个卷子原题开元二年写，可以断作开元二年。可是，翻到后面，又有大德×年的题衔，要是不细考，又会断为大德×年。事实上卷子是开元二年写的，而大德×年可能是收藏的人写的，或者后人胡乱写上的。唐代以开元、天宝最兴盛，为了加重卷子的身价，本来是开元、天宝以后写的，也造假写上开元、天宝，价钱就卖贵了。因此，确定写作年代，要细细地翻到底，最前面的年代是可靠的，最后面的往往是后人重写的。考究的方法要看纸质、墨色、字体，等等，把若干因素综合起来，才能确定。

关于年代还有一种情况，唐代皇帝的年号是一定的，尤其五代，大都短命，只有三年五年。可是，卷子经常有写十年八年的，这不一定作假。因为五代以后，敦煌与长安的关系经常断绝，消息不灵，所以，唐家天子换了代还不知道，老百姓依然守着这个皇帝年号，把纪年拉长了。甚至到了宋代开宝，还在用五代年号。研究年代是很细致的工作。有些研究者认为考证卷子年代没有什么了不得，恍恍惚惚地就过去了。但是，认真的研究者是不恍惚的，英国捷尔恩写的《敦煌卷子中有年代卷子的考证》，可供参考。

还有一点是造假，本事最大的是罗振玉，加上一个太宗年号，卖大价钱。他得了很多卷子，他是懂的，因此，日本的一个老内阁总理就上了大当。大概花五百多两黄金买一个卷子。卷子并不假，就是年代假了。除了年代作假之外，还发现整个假的，不过是复制品，做得像真的一样。这是一个法国人发现的，叫勃朗士，他有一个卷子，后来又有人送卷子卖给他，两个卷子一对，是一个人写的同一个东西。然后他用科学的办法去对，送来的卷子是拿他自己保存的那个卷子复制的。纸是真的，抄的东西是假的。所以，辨真伪成了我们学术上一个最大的问题。伪的东西很多，要经过若干日子摸索才能弄清楚。譬如造假的人，墨就造不了假，现存最早的是明墨，没有唐墨，唐墨用油烟做，现在墨用松烟，化学分析一下就分析出来了。我向有关领导部门建议：不仅卷子要收齐，而且要有一套辨伪的方法。没有这一套方法，也研究不好的。

⑩ 双面写与单面写。二者差别很难说，大体讲，佛经以双面写占大多数，《道德经》以单面写占多数，儒家经典有双面写，也有单面写，其余史料二者都有。不过，也有原来单面

写变做双面写的，譬如《道德经》原来单面写，后人因为背面没有字，利用来写草稿等，结果一面是唐人的，一面是宋人的，表面上是双面，然而，绝对不是一个时代的东西。粗略的辨别办法是看正面的末行与背面的是不是接头，不接头就是后加的。也有原来双面写的变成单面写的东西，自从五代以后，民穷财尽，许多人把双面写的东西很巧妙地糊上一层薄纸，看不出单面还是双面写的。不过，也可以研究出来，唐、五代、宋的纸质是不相同的，唐纸很结实，宋纸比较松。总之，单面还是双面是敦煌卷子里经常使我们迷惑的事情，不过比上面那几件，容易认识。单面变双面，必有一面是假的，但是，后加的这一面往往在学术上有很重要价值。譬如佛经，后加的却是社会史料，有一卷佛经，后加的是《张淮深传》，此传已经亡佚，这东西比原卷重要。事实上，后人写的往往比原先单面重要。但是，有一种东西是乱的，如社会史料、契约、书信，有简单的，有复杂的，两面都有价值。但是，小牍只真正一小片，大体单面多，往往是一种契约。小牍没有单面双面的纠纷。

⑪ 敦煌经卷的一些附录。一个卷子，正文写完之后，有一些附录。它们与正文有绝大的关系，有许多是后人附上的，与正文毫无关系，就不能算作“附录”了。所以，“附录”指的

是同经文有绝大关系的那些材料而言。这是要事先声明的。有两种卷子百分之九十以上有附录，就是道经同佛经。其他儒家经典同社会史材料、历史材料的卷子，不一定有附录，或者是只有一小部分附录，因此我这里讲的是《道德经》同佛教经典的主要附录。但是附录的内容是相当多的，其他的也有，也附带着讲一讲。

《道德经》的后面，往往附有一个《十戒经》（《十戒经》是道家讲戒律的一个重要而又简单的经典），因为敦煌的《道德经》大致都是河上公本，河上公是道教的一个大师，他注的《道德经》录上《十戒经》是很自然的。但是也有一卷两卷王弼的注本，王弼注本就没有《十戒经》了。所以附录一定同正文有绝大的关系。这是一例。佛教经典几乎百分之九十后面都附有这卷经的文字音义（注音和释义），佛经音义这个东西是佛教到中国来之后一个必然有的而且最常见的。佛教有一个信念：读错了字，不仅仅没有好处，而且要受罪过的。譬如我们到灵隐寺去，看见的几个大字："南无阿弥陀佛"，假使我们读"nán wú ā mí tuó fó"就读错了，要读"ná mó ē mí tuó fó"，它的音义，要把"南无"两个字读成"ná mó"，不能读"nán wú"了。诸如此类，每个佛教经典后面都有许多。音义在别的典籍里用不用呢？在我们后人的民俗里边，或者是别的经典当中，也有读同佛教经典一样的音的，是受佛教经典的影响呢，还是中国原有的？就很难说了。因此佛经后面的音义，在学术上，尤其是讲汉语音韵学，是重要的材料。到了唐代，有人把所有这些佛教经典后面的音义集成一个《一切经音义》，慧琳的《一切经音义》大体就是这些东西汇集起来的。对做佛教经典研究的人来说，这是一个重要的课题。佛教经典本身的教义是重要的，佛经的读音方法，也是一个重要的东西。因为要是我们读音不同的话，人家不晓得的，和尚不晓得的，所以，大概以后研究佛教经典的人，除了正文的研究而外，音义是要研究的。我曾经检查过一两卷佛经后面的音义，同我们现在所传的慧琳《一切经音义》是不是相同呢？大体相同，但是还有差别。这是第二种。第三种范围宽一点儿，不仅是道教、佛教经典，而且其他一切经典都有的，就是卷子的题记。所谓题记，就是说这个卷子为什么要写，或者这个卷子是哪些人写的，写些什么东西。题记有几种，一种是发愿文，内容是许一个愿心和为什么许愿。如为了病人快点好，为了求福，等等。它是有一定体式的：前面一定说我为了什么什么，现在发愿，写若干若干部经。这是一种。这种发愿文，说明这个卷子是民间的人送进来的，不是出自和尚，不是来自寺庙的。当然偶尔也有管家发愿的，也有阔人发愿的。发愿文只在道家经典、佛家经典里面有，别的经典里面没有，儒家经典我们就没有看见发愿文。第二种是记事的文字。儒家经典有近于发愿文的记事文，讲我为什么要写这个经，为了我把书读好，为了要认识儒家的某个经典，我要写个什么。儒家经典里有这种记事文的是《孝经》这部书，我为了我的父母怎么样，写若干卷《孝经》，记事文中有点发愿的意思。另外还有一种，记这个经一共写多少字，花了好多钱（写明花了好多钱的，一定是发愿文；不是发愿的，和尚道士写的，是不写这件事情的）。第三种是前面谈到过的题衔，写明写经、藏经、读经、诵经的经生、写生的名字。还有"大德"，即说是哪个大和尚的卷子，哪个庙子里面的卷子。这也算附录。还有一种东西我不敢断定，因为牵涉到许多外国文字和兄弟民族的文字，我不懂呀。如吐火罗文、巴利文、摩尼文、突厥文、西藏文、西夏文，等等，都是附在卷子后面的。因为我不懂这些文字，所以我没办法说。现在中央对这些文字非常重视，敦煌学会已经把这些东西分出来了。

⑫ 许多特殊的情况。这些特殊情况是我们认识敦煌卷子的很重要的一些事情，很重要的一些方法，因此我也在这地方附带讲讲。问题相当多，大致列为三大类，第一大类是残卷拼合的问题。有什么方法让我们简单地拼合呢？首先需要识

别，希望卷子不要拼错，第一件事情要搞清这个卷子是单面写的还是双面写的。单面写的当然只能拼在单面上，双面写的当然只能拼在双面上。第二件事情，不管是单面写的或者是双面写的，有没有后人修改的痕迹，这个问题是很严重的。在单面上面的后人修改，我们很容易看出来，就算了。双面的东西就很糟糕。到底是两面都修改了还是只修改了一面呢？又是怎么样子修改的？一定要闹清楚。这里有一个很大的技术问题。譬如我手里只有十个卷子，要把它们拼合完整，到哪里去找它们的对象呢？所以一定要把所有的卷子都集中在一道，然后才能说得上拼合。这件事，不是我们单个在书房里面所能做的。要靠国家的力量，把所有敦煌卷子收集起来放在一道，然后找十个八个人，坐下来定出许多条例，哪些哪些咋个拼合法。大家对这规律都熟悉了，卷子是摆在中间的，然后每个人抓住卷子就去找，就去查，要这样做。所以这个问题是技术上很复杂的问题，马马虎虎就拼不起来，拼不起来我们的研究工作就要落空。为什么呢？你拼不起来，有许多残的东西是丢掉还是留着？留着是残的，不单单残的东西没用，而且连那些大体完整的残了一点的也没用了。这种缀合工作是我们正式做研究工作之前的第一件事。这是一个问题。第二大类是残断，有些卷子不仅是拉烂了，扯成两段、三段，而且是一个角落坏了，或者下半截坏了等等，这就叫做残断。残断的问题也很严重。一个卷子，即使扯烂了，扯成几个卷子了，只要没有残断，拼合还容易，有了残断，拼合就不容易了，因此要讲一下。重要的有四点：一点是卷子纸面的残断，比如说一个卷子，本来是二十一厘米宽，现在残断了，有一行残掉十厘米，有一行只残掉五厘米，有一行只残掉二三厘米，于是乎这个二十一厘米宽的卷子，有的只有半行，有的只有三分之二，有的只有三分之一，有的甚至四分之一，有的完全没有了。这个残断的问题，是我们做研究工作的人所据以了解这些卷子全貌的基础。这个基础往往同我们做研究工作有极大的关系，要断定某一行残掉了几个字，大概是几个什么字，然后用校勘学的方法把它补上。但是残断的情况是很复杂的，有许多地方是中间残了一个字，或者是蠹鱼蠹了，或者中间三、四行之间都让蠹鱼咬掉了，残了一块。在我们讲起来，中间残掉一块似乎是不容易做，是很难的。事实上，据我的经验，中间残掉一块是很容易做的。为什么呢？因为每一行的上下文还在，我们就拿它的原书来对一对，就对出来了，所以这是很容易的。最怕的是角落上残掉一块，或者几行，要补就吃力了。所以残断的情况很值得我们注意。根据残断的情况，往往可以考见全书的字数，或者是前面的行数。比如我的《瀛涯敦煌韵辑》，就经常用这个办法来断定某个卷子，前面残了几行，大概残了若干字；或者后面残了几行，大概残了好多字，我往往利用这个东西来拼。比如有一个卷子，照它本身来讲，这一页应该保存某几韵的字，但它已经残了。到底残了某几韵？有多少字？我们现在的本子同它肯定对不起来的。于是乎我们首先要晓得这个卷子在历史上是属于哪个的卷子。比如说《瀛涯敦煌韵辑》里头，有的是属于陆法言的原本，有的属于长孙讷言本，有的属于孙愐本，有的属于王仁昫本，残的这个东西到底是哪个的本子？我们要作出断定，往往是根据后人所传的本子，知道某人的书应该有几百个字或者几千个字，对照一下，这个卷子残一百个字，不对，残一百个字不是陆法言的本子，因为陆法言的卷子只有多少，这个残得太多了。那么是哪个的东西呢？是王仁昫的对不对呢？也可能是对的，也可能不对。考来考去，我上面举的四个人都不行，那么可见得这个卷子还不是陆法言、长孙讷言、孙愐、王仁昫这些人的卷子，或者还要后面的。于是再找，会不会是李舟的？好了，找出来，果然和李舟的相合。因此，从残了几个字，残了几行，拼合起来就能了解这个卷子到底是哪个本子。这是有关残断的第二个重要问题。还有一个问题，有些是年代久了，受潮了，或者虫伤鼠蚀，我们姑且归为一类，叫做自然残断。还有是人为残断，人把它拉掉了一截。

人为残断其实很简单，比如说这个卷子是单面的，把它扯掉了一截写别样东西去了。这个我们容易知道，为什么呢？如果是单面的，背后一定写着有他自己所需要的东西，一看就知道。顶顶怕的是自然残断，虫伤鼠蚀是没有意识的，不容易懂。认清它没有什么太好的方法。只有敦煌卷子看得多了，翻得多了的人，可以看出来，一看就知道，这个是虫伤鼠蚀，这个是人为的。等到你看出了虫伤鼠蚀，是自然残断的话，我们就来找。因为敦煌卷子藏的时候不是一页一页地藏的，都是堆起来藏的。因此第一页残的是二行、三行、四行、五行，那么底下一个卷子也一定残的是二行、三行、四行、五行，有三四个卷子的残痕是一样的，我们把这三四个卷子的残痕拼起来，于是就晓得，虫伤鼠蚀一共伤了几页，然后拿总共伤了几页来推断。这一定要敦煌卷子看得多一点的人才能了解。但是现在我们的卷子都扯乱了，扯散了，譬如现在我们已经买了一套敦煌的缩微胶卷，是一张张照的，不会给你一叠一叠照呀，那我们拿这一张一张照片怎么办呢？这只有要求将来做研究工作的人把所有残断的东西先总的录一次，这是我的一个建议。譬如说这个卷子是一、二、三、四、五行残的，那个卷子是六、七、八、九、十行残的，我们就把所有一、二、三、四、五行残的放在一起，六、七、八、九、十行残的放在一起，对起来看，看有没有办法。我想现在科学进步了，是会有办法的，尤其是电脑出来了，放进去，残了哪几个，它立刻就可以告诉我们，哪些卷子残了，哪些卷子是怎么残的。所以我们现在做研究工作，比我那时候在巴黎做研究工作是要方便得多了。这是科学进步，我们不能不感谢科学家。但是我们没得这个东西怎么办呢？我们还是得办的。还有譬如我们在杭州，只有一套缩微胶卷，怎么办呢？我们不能为了一个残断跑到北京去，把这些东西收集在一道，不可能的。所以，今天我还是讲方法。凡残断的部分，是人为的残断，一看就看出来了，这些大概是单面的。可是有残断而为后人补者，失真者。有的残断了，可是得到这个卷子的人，把它拿一层纸糊上，补上一段，那糟了。他补上的这一段与原来完全不搭界的。我们要不要承认它呢？当然我们不承认。但是拿什么来不承认呢？你晓得它是什么时候补上的呢？假使它是现在巴黎国家图书馆补的或是大英博物馆补的，那我们可以看出来，不信它算了。万一有唐末五代人补的，这个东西我们要斟酌的，可能唐末五代人补的时候是有作用的，它的作用在哪里呢？补的时候一定是要找原件抄上去的，所以，在这残断当中，有一种本来是残断了，可是有一个补的痕迹，补上的东西已经抄好了的，这种残断我们很要留心。怎么很要留心呢？就是补的东西仍然还是抄书的人——

写生补的，写生尽管补上了，可是到底不是他自己的东西。非常负责的写生有，但是也有拆烂污的写生，他马马虎虎地随便地补上一个，我们就曾经发现牛头不对马嘴的东西。这牛头不对马嘴的东西真害死人，我们花十天八天的时间找不出一行的关系来。所以我们不要以为残断的已经补好，就相信它，靠不住的。残断的东西已经补好了的，我们一定要核对一下，看他补的东西是不是和上下文合得上的，合不上的东西那糟糕得很。这是残断而已经后人补的，后人补着是真的。还有一种情况，残断是残断了，后人想保存，不让它再坏下去，在后半段，或者纸的最前面，纸角上残掉的地方，随便扯一块补上，这种补上比我们刚才说过的中间随便补一块更糟糕。前后随便扯一块补上，我们一看，前面是这样的，后面不对呀。这个问题也是很严重的，严重在什么地方呢？扯来补的那个卷子，差这一段了，这段东西不能没有用的，可能很有用的。我们还要把这一段东西拿下来，归到它的老家去，多一道手续。这是非常麻烦的。所以研究敦煌卷子一到细腻工作的时候，我们简直拿它没有办法。不久前在杭州开道藏整理的会，要我参加，我去了，谈了几点。他们要搞道藏提要，我说很好，这事我非常赞成，不过希望你们注意一点，道藏里边也有像我刚才所说的那些现象，你们怎么办？他们说道藏刻本里边这种情况很少。

我说你们可晓得敦煌卷子中有现在的道藏里面没有的，这些材料你们要不要？他们说要，而这些材料就要按我所讲的整理卷子的方法去补。他们问我具体怎么讲，我就稍稍说了一下，尽管艰难，但是搞科研工作的人都有点戆头戆脑的戆脾气，你越难，我就非把你解决不可，花三年五年的时间解决一个小问题也可能的。我已经摸出一点线索来了，我把这点线索告诉大家，将来大家再继续摸索时可以省点力。再补充一点：刚才讲补足的人，有同时代的，有异代的，有的甚至隔得很远，比如有唐代的人补六朝的卷子，这里有了很好玩的事情，就是卷子上的字，各个时代有各个时代的作风的，一看就看出来了，这是经过唐代人补过的六朝卷子。怎么能看出来？就是六朝人字体书写的方法同唐代人、五代人、宋人书写方法不相同。我们在这里边发现，若干字是唐人写经的常规，也就说明这个卷子是唐代人写的，但是我们突然发现，这里面还有些宋人写经的常规，那我们就晓得，这是宋代人补过的。不仅字体各时代有差别，就是符号、标点、纸质也有差别。因此这个残断的事牵涉到一系列敦煌卷子的内容。是一个极其困难、没有办法了解的问题。这个事情我们下面大概还要讲一讲。

第三个问题，事实上是补充前面讲的拼合。上面讲的是遇着两个卷子是一个卷子扯乱了的就把它拼起来，现在讲过去已经有人拼合过了，这是无意识的拼合，这种情况在敦煌卷子中也是十分严重的。所以我们看敦煌卷子一定要从头至尾细细地看，假使稍微马虎一点，被五代、宋以后人拼合的东西弄错了，这就根本上错了。因为敦煌卷子是一张纸一张纸拼起来的，到某个时期糨糊脱了，就可能脱成两卷，有些卷子脱了之后，后人随便拿了东西拼上，成一个卷子。有的是无意识的拼合，有的也并不完全是无意识的，而是要拼成一个卷子去卖钱的。譬如有一个卷子，前面有一大段了，突然有一个小东西拼上，说明什么年代，什么人写的，或者是个什么重要经典，它是别的卷子上拉下来拼上去的，等于我们后人的字画拼假，譬如浙江的赵孟頫的字，尤其是赵夫人的画，就有人拼假的。一幅画上面，有一个图章，就算是肯定了，这是赵孟頫的，于是乎就把赵孟頫题款的地方割下来拼上，那个东西也成了赵孟頫的了。这种作假的拼合很讨厌，模糊了我们对于卷子的认识。做研究工作的人真要细细地去摸索。我的经验大概有几点，从卷子的纸质、墨色、题款、行款各方面综合起来，可以断定的，不是说这件事情就无法办了。譬如说这个卷子本来是唐代写本，从唐以前写本挖下一条，说隋代哪一个写的拼在上面。假设我们能够从纸质、墨色、书写的方法，以及卷子的一切条件集合起来看，就可以判断它是真是假。这个真假问题，对我们研究卷子来说关系太大了。譬如我曾经碰见过一个卷子，卷子上说的是唐代的官令，但是还有一段是唐代帝王的生卒年月，讲某个帝王是哪天生，给他做生日，应该做哪些工作，杀几个猪，杀几个羊，如何如何。这两个卷子本来没有关系的，把它拼在一道，成问题了。到底唐代的官令正一品、正二品这个品同一等、二等这个等，跟帝王年代的关系怎么样？假设我们把这两个卷子拼在一道来看的话，那么譬如祭唐明皇，哪些人主祭，唐明皇生是哪一天，死是哪一天，哪些人在那里祭，哪些人可以做什么事情，这是有一定规格的，两个东西一拼起来可就破坏了。于是我们看唐代的《百官志》，乱了，看不出来了。所以这种被后人乱拼的情况，我们应该注意，唐代以前的人乱拼的东西，也得注意的。因为唐代以前已经有拿几个卷子来拼的风气，大家都知道这个大和尚是什么时代的人，如果这个卷子是他的，价值不就更高了吗？所以拼合的人就搞这种玩意儿。这种东西自从敦煌卷子发现以后，被古董商人造假的简直不得了，古董商人会造假，怎么造呢？比如偶然间一个卷子，背后有一半空纸，有一寸两寸空纸，他就切下来，当做宝贝保存起来。他晓得这是唐代的，这是六朝的，于是把这些纸拼上，拼得天衣无缝，从纸质上面是看不出来的。所以假卷子顶要防备的是拼合。假卷子的拼合从五代就有了。唐代似乎也已经有了，不过很少。等到敦煌这个宝库被发现，被古董商人搞着了之后，更不得了的多。因此我今天再一次提出这个拼合的问题来，说的是假拼合，不是我们前面讲的拼合。这件事情很重要，我们在研究工作中常常碰见。譬如我们现在的缩微胶卷，我要是细细全部看过的话，可能会发现这么几卷是后人拼合的。但是这非有经验不可。卷子看得多了，看了几百卷几千卷，摸出规律以后，可以看得出的。

第四个问题似乎极小，但是也是同认清卷子时代很有关系的一件事情；不仅如此，还是我们文化史上，尤其是书法史上面，与抄书的方法、书式等等有关系的一件事情。这就是敦煌卷子中隋、唐、宋人写法的出入。这个出入当然是讲书法，不讲书的内容，书的内容上面讲得已经很多了。六朝、唐代、五代、宋代有许多民间习惯，在卷子的书法里边表现了出来。譬如说，木字旁、才字旁、提手旁，这三个偏旁的字，在六朝的本子中，往往是相混的，大体都写成“才”。木旁掉了一点，提手旁的一提不是底下挑上去的，而是上面撇下来的。于是乎到底是木字旁还是才字旁还是提手旁，我们闹不清楚。这大概是六朝时候的通俗习惯。这种情况多了，就是随便写。比如“金”字，写成完完全全的“全”字，把底下两点丢了。金字旁同全字旁一样，不过到后来也有点差别，就是最后一笔“全”字还是好好地写成一横，“金”字就写成一挑。模糊一点的话，这一挑挑得很轻，也成了一横，于是乎金旁的字、全旁的字相混了。这种情况多得不得了。省写还有一种例子：“乌”字、“马”字、“鸟”字，常常是不分的，也是唐代开始有的。这是书法的一种特殊现象：简省。比如“蠶”字。上面是“𣦵”字头，当中是“曰”字，底下是两个“虫”字。六朝人很简单，写个“天”字，底下写两个“虫”字，甚至底下写一个“虫”字，也算是“蠶”（蚕）。省体字在那个时候已经很多很多了。门窗的“门”字，三点一个钩，等于我们写“水”字四点，到了三点以后第四点一钩，写“门”字则两点以后第三点一钩。这也是唐代就已经开始了。唐代民间已经把草体字、省体字用进正式的写经当中去了。我们可以看出哪一体字，是在哪一朝代才有的，可以根据这个判断这个东西是哪个时候的。还有一种东西很讨厌，叫做移植，左边的东西放到右边去写了，上面的放到下面去写了。移植的字，在真正的文字学里边，可能分成两个字了，但是在敦煌卷子里边仍然是一个字。比如“物”字，先写牛旁再写“勿”，但是在敦煌卷子里边有先写“勿”字，底下加了“牛”字的，也是“物”字。再如“概”字，现在是木旁加了“既”字，在敦煌唐人写本里边，就有把“既”字写在上面，“木”字写在下面的。这也算移植。不仅如此，还有很多字有移植的痕迹。比如“猶”字，是反犬旁加“酋”，可是在唐人写本里边，先写酋字旁，后写“犬”字。在“书经”里边这两个字意思是不同的，反犬旁加“酋”的“猶”是虚助字，而酋旁加了“犬”字呢，是“猷，言也”（《尔雅·释诂》）。但是在敦煌卷子中是不分的。譬如反犬旁加个“言”字，这是说狗叫的声音，但是在敦煌卷子里也有言旁加“犬”的。也读为狺，犬声狺狺的“狺”。这都是移植。这些移植的字，同我们刚才说的省体字，在敦煌卷子里都经常见到。再比如走字旁同写个走之的“之”字相混，像远近的“远”，写了走之的“之”，赵钱孙李的“赵”，也写个“之”，于是“赵”变成“逍”了。双人旁大体都写成单人旁。“左”、“右”两个字古写“左”字一横向左边撇，“右”是一横走右边来，这两个字也不分了。这一类的情况多得不得了，都同我们写法习惯有关系的。这是值得我们研究的，比如说我们的草书，是魏晋以后才开始有的，王羲之的草书、王献之的草书、卫夫人的草书，这些草书很多很多是我们现在这些简体字的来源。比如刚才说的“门”字，三点一钩，就是王羲之的字体。因此我们从省体字、移植字这些情况来看，可以判断这个卷子是起于什么时候的。不过这个判断很难确定，为什么很难确定呢？因为后人也仿照前人写省体字嘛！省体字容易呀！所以我们现在写“门”字也就是三点一钩就完了，“蘭”花的“蘭”是两点一横底下三点一钩，再写一个“柬”字。又把“柬”字写成“東”字，那更不得了了。所以拿这作确定卷子时代的绝对标准是不行的，不过至少可以推测上限。卷子里边没有这些省体字，那么这是很早的，有了这些省体字，最早早到什么时候，都大致有一个上下限的断定，这是可以用的。这件事情我们搞敦煌卷子的人往往不大注意。疏忽的结果是留了很大的痕迹在里边，让细心工作的人看出很多笑话来。所以敦煌卷子的书法，也算是我们研究的一个重要事情。假使我们对于书法没有一点儿认识的话，这是很讨厌的。不过有一点，在敦煌卷子的字书、韵书（尤其是韵书）里边一个字底下往往会注上“正”或“俗”，说明某字是正字，某字是俗体。我的《瀛涯敦煌韵辑》里每卷都有正俗字。关于这个问题我在做研究工作时已经注意到了，因为眼睛不好，正字俗字就列了一个表，成了四卷书。这个东西是我爱人帮我做的，叫《敦煌韵书中的正俗字谱》。根据我的这卷书来看，可以知道哪些字是唐代的人已经认为是俗字了，哪些字唐代的人还认为是正字，可用来印证唐以前各种书籍里面的字体，到底是正的还是俗的，也可以看出后代简体字的来源，古体字的来源。譬如我们现在写礼乐制度的礼，示字旁一个竖横钩就完了，事实上是个中国的古字，汉代就有了，敦煌卷子中所有的“礼”字大体都这样写。“辞”字本来是“辭”字，半边加个“辛”字，敦煌卷子写成“辭”字，右边加了“司”字，事实上一个是省体字，一个是借体字。但是在敦煌卷子里往往混成一个字。这里边可以看出文字学上字形结构的变迁，所以这件事情不是一个简单的问题，同其他学术的关系很大。读历史知道伏波将军马援奏请定天下官印错别字，他说城皋的“皋”字有人写的是“白”字底下一个“犬”字，有人写的是“白”字底下一个“本”字，有的写的是“自”字，“自”字底下还有两画一个“十”字，他说城皋地方的县官、武官同巡官，三个官的印章的“皋”字是不同的，请国家纠正天下官印的这个毛病。这说明我们的汉字，在汉代已经乱得不得了了。所以六朝以来的伪字、错字多得不得了，我们现在刻图章的人动辄说我刻的是汉印。事实上，说不准刻的是错印，不是汉印。这一类情况同古书研究、古文字研究、书法研究都有关系。敦煌卷子刚好是关键，敦煌卷子以前的俗书、伪书、假书在敦煌卷子里面都可以看见了。敦煌卷子以后所用的省体字在敦煌卷子里也都找得出来了。这也是我们应该注意的事情，所以特别提出来讲一讲。

最后我讲一点关于壁画里边的文书材料。壁画里边的文书材料过去讲过一些，那是为了款式讲的，为了历史讲的。今天讲的是总结性的。敦煌壁画里也有些文书的材料，最多的是发愿文，是当时的历史材料。比如张淮深的传，在敦煌的壁画上写着，哪个的题衔，什么官衔。有的写着，哪个是哪个的儿子，哪个是哪个的丈夫，哪个是哪个的父亲，哪个是哪个的舅子，哪个是哪个的岳父等等，也有写着的。这些题衔，往往是我们认识敦煌经卷的重要参考。譬如敦煌经卷里边说这个卷子是某个可汗的某个公主写的，某个可汗、某个公主所收藏的。这某个可汗、某个公主在我们历史上可能找得出来，但是大体找不出来，只有在敦煌题辞里边有。拿敦煌的题辞来证明历史上的材料，就合起来了。证明卷子里的材料，卷子也合得起来，敦煌的题衔有官爵、称号、家庭关系以及家族关系、氏族关系。这些题衔当中，五代人占十分之七八，宋代人占十分之三四。这些题衔里边的资料拼合起来可以成大文章的。这些我们在讲历史的时候也已经说到了。今天的主要目的在说明文书的问题，经卷的问题，这些东西不能当经卷来看，但是可以同经卷有关系。譬如说有曹元忠夫妇出行图、张议潮夫妇出行图，这两大幅画里边，考见中国文化史、中国绘画史、中国历史的材料当然很多，而敦煌卷子里边的材料，也可以在里边看出来。敦煌卷子里边有许多材料说敦煌当时的河西走廊的社会、政治、经济关系，我们找不出旁证来，而这两幅大壁画可以做我们文书的旁证。总结一句，就是说：敦煌壁画有许多东西可以用来做敦煌文书的旁证，是最好的材料。我说一个笑话：一直到如今讲人的幞头，到底是个什么样子不知道，可敦煌壁画里面的供养人，那些官戴的帽子就有幞头的样子，清清楚楚的。敦煌女人化妆的情形我们讲过一些，“蕊黄无限当山额”，很多人讲不来。脸是“蕊黄”，像花蕊一样的黄色，无限，了不得。当山，在眉山之间的额头上。敦煌女人化妆的方法，就是在额头上用黄色点一点，“蕊黄无限当山额”。这是壁画可以证明词集的例子。又譬如香炉，敬神的香炉有一个柄，烧起来，人拿着这个柄走，这个东西清宫里还有，民间是没有了，大庙子里边现在还可以勉强看见，但敦煌壁画里边所有供养人男人家端的都是这个炉，清清楚楚的。所以敦煌壁画里面所有这一切文物制度的材料可以用来证明敦煌文书的是多得不得了的。这一个事情大家不要疏忽，不要说它是壁画，就同我们没有关系。我们研究敦煌文书的人往往要参考壁画，因此我在这里也顺带着交代一声。

我的关于敦煌学的通论已经讲完了，我想稍稍作一个大概的总结，也不过几句话：敦煌的材料包罗万象，壁画的表现是最具体的，不过壁画的表现呢，大体是以唐、五代、宋这个时候的社会风习为基础，以那个时候的礼乐制度作基础，而要真正了解中国全部文化，尤其是宋以前全部文化的话，要靠文书，文书里边录有战国以前的文书资料，战国以后两汉、魏晋南北朝的文书资料，这是很丰富的。我们现在研究古籍，离不开敦煌的资料，要研究中国文化史，也离不开敦煌的资料，要研究民间的风俗习惯史也离不开敦煌的资料，我们要研究文字学、语言学乃至于绘画学，乃至于上粮纳草，都离不开敦煌资料。敦煌是中国历史上正中间的一个转折点，敦煌以前的东西我们可以从里边看出来，敦煌以后的东西我们在敦煌里边也找得出线索来。所以敦煌学在我们中国目前的情况来看，此后是必然要大大辉煌的。我虽然身体不好，也愿意把这个工作做到底。

附录：《敦煌——伟大的文化宝藏》（节录）

一　敦煌简史

敦煌是现在甘肃省西北边接近新疆、宁夏、青海的一个县。从兰州西北行，过武威、张掖、酒泉，出嘉峪关，经玉门、安西两县，过瓜州旧城，而至敦煌。在它西边不远，便是玉门关。玉门关是因和阗的美玉从塔里木盆地输入而得名的。出玉门关便是通西域——应说是古代中西交通的——南北二大道。这二道都在天山南麓：一从罗布淖尔沼泽，一从塔里木盆地向西。汉朝的丝织品从此道直可贩卖到边远的罗马东部叙利亚（中国史书称之为大秦。后来推尔西屯等地向汉人学会了抽丝织绸的技术，欧洲才有丝）。纸也是从敦煌、玉门经吐鲁番，过撒马尔罕，经波斯而传入欧洲的。

纸与人类文化的关系尤大。斯坦因在古长城的一个烽燧中，得到八封用窣利文写在纸上的书信，是粟特商人的私信。他把纸样送到维也纳冯·魏斯涅教授（Professor Von Wiesner），用显微镜考查化验的结果，知道是用麻织物捣成浆，然后由浆造成纸。这正同汉和帝元兴元年（公元105年）蔡伦发明的造纸法相同。斯氏又根据种种理由，断定这是公元2世纪中叶的（详见他的《西域考古图记》*Serindia：Detailed Report of Exploration in Central Asia and Westernmost China*. Oxford，Clarendon Press.1921）。上距蔡伦造纸才四五十年，这算是全世界最古的纸了！（在此以前瑞典斯文·赫定Sven Hedin 在古楼兰——今库鲁克河——也发现过纸，但据考察后，较此迟五十年，可参阅August Courady《斯文·赫定在楼兰发现的中文写本及其他零物》一文，Die chinesischen und sonstigen Kleinfunde Sven Hedin in Lou-lan）中国纸便是由粟特、康居等国的商人，带到撒马尔罕，而入欧洲（参阅姚士鳌《中国造纸术输入欧洲考》，《辅仁学志》一卷一期）。又斯氏在敦煌也寻得三张汉代纸写的残卷，也断定是公元2世纪写成的（见沙畹Éd.Chavannes的《斯坦因东土耳其斯坦发现之中文文书》一文Les Documents Chinois，découverts par Aurel Stein dans les sables du Turkestan Oriental），也是世界最古的纸，于是打破了历来欧洲学人说的纸是阿拉伯人、德国人或意大利人发明等等不实不尽的话。纸之输入欧洲，也同丝差不多，都由商人循同一道路传去的。

它是公元前138年（汉武帝建元三年癸卯。一说是在公元前126年，是武帝元朔三年乙卯。此乃归年），及公元前115年（汉武帝元鼎二年丙寅）张骞初通西域的大道，也是公元前104年（汉武帝太初元年丁丑）贰师将军李广利攻破大宛的大道，也是公元前2年（汉哀帝元寿元年己未）印度佛教经大月氏入中国的要道，也是公元629年（唐太宗贞观三年己丑）到印度十七年后取经回国的慈恩大师玄奘往来的要道，也是马可·波罗通过罗布沙漠西去的大道。

敦煌在历史上担过不少的任务；是边防重地，是交通重心，文化交流的场所，尤其在唐代是最为辉煌的时期；做了中西交通的枢纽，宗教繁兴的圣城，文化极盛的都市。

因其为交通的要道，而一出玉门关，便是汉人的所谓“三十六国”，算中国——应说中亚细亚——民族集居最复杂的地方。所以在治世则为四方辐辏之地，文物大盛；在动乱的时代又为有关边防的重镇。所以其兴废，其变迁，也最剧烈。稍读历史的人，莫不知之。

现在的敦煌县是在北纬四十一度，东经九十四度七左右。气候寒冷，每年平均有五个月冰冻。每年十月结冰，三月末解冻。雨量极少，高到九十五点四毫升，低到八点六毫升。多风，以西南风为最多，秋季西南风及东北风各半。气温最高摄氏四十四点一度，常在每年七八月之间；最低零下二十四度，在每年的十二月、一月。风沙是非常大的，当西南风起时，对面数尺，不见人影。

疏勒河横过敦煌的北面，经玉门关，集为哈拉湖。但与敦煌关系最大——应说与莫高窟千佛洞关系最大的是党河，在敦煌以南，千佛洞的阳面，灌溉敦煌的田。此外更重要的还有一条正在千佛洞下面经过的大泉，也是千佛洞饮水的来源。这条河沟宽约二十丈，自南而北，流入沙漠，潜入地中去了。沟的东岸，高约十丈，西岸高由一丈至二十余丈不等。名震世界的石室，即是在西岸的崖壁上凿出的。

从嘉峪关西出，是一个大平原，即关外三县之所在：玉门、安西、敦煌。敦煌县城近祁连山脉；在敦煌县南的三危山，也属祁连山脉。三危山更西南，去县约十里，有鸣沙山，高二十余丈，长约五十里。人马从山上流下，沙与沙相激，发出轰鸣声，故名鸣沙山。

敦煌的历史，应从春秋时说起。春秋以前西北的地史文献不曾说到。两周金文，只有天水以东，还能仿佛。甲骨文则尚未见岐山以西的材料，何况皋兰以西了！《禹贡》的流沙、三危罢，似乎是，其实亦非。此处不多说了。

敦煌本古瓜州之地，又名陆浑，春秋时秦的属地，原是羌、戎居地。

《左传》昭九年：“先王居梼杌于四裔以御螭魅，故允姓之奸，居于瓜州。”杜预注：“瓜州，今敦煌。”（按《汉书·地理志》敦煌郡敦煌县下云：“杜林以为古瓜州地，生美瓜。”则杜预说，即本杜林也。）又襄十四年：“将执戎子驹支，范宣子亲数诸朝曰：‘来，姜戎氏，昔秦人迫逐乃祖吾离于瓜州……’对曰：‘昔秦人负恃其众，贪于土地，逐我诸戎，惠公蠲其大德，谓我诸戎，是四岳之裔胄也。’”杜注：“四岳之后，皆姜姓，又别为允姓。瓜州地在今敦煌。”按上二段的故事，即是僖公二十二年的“秋，秦、晋迁陆浑之戎于伊川”。杜注“允姓之戎，居陆浑，在秦、晋西北，二国诱而徙之”一事。又疏云：“陆浑是敦煌地名。《汉书·地理志》弘农郡陆浑县下云：‘秦、晋迁陆浑之戎于此。’”（秦、晋二字原作“春秋”，依王先谦说改）又《汉书·地理志》下：“秦地西有金城、武威、张掖、酒泉、敦煌。”

战国时先为月氏所在。后月氏为乌孙所攻西窜，又为乌孙所在地。

汉初，成为匈奴昆邪王、休屠王地（见《汉书·地理志》）。至汉“武帝攘之”（《地志》），元狩二年（公元前121年）初置武威、酒泉二郡。元鼎六年（公元前111年），分置张掖、敦煌二郡，统县六：敦煌、冥安、效谷、渊泉、广至、龙勒，户万一千二百，口三万八千三百三十五。敦煌又为县治。王莽时改敦煌郡为敦德郡，县亦改名敦德亭（莽初改敦煌为文德，见《汉简》王静安先生跋十一）。后汉仍复前汉之旧，《后汉书·郡国志》敦煌郡云：

敦煌郡六城：户七百四十八，口二万九千一百七十。敦煌，古瓜州，出美瓜。冥安。效谷。拼泉。广至。龙勒，有玉门关。

典午之世，敦煌一郡，领县十二为最大，视汉且倍之。隋领县三：

敦煌郡统县三：敦煌、常乐、玉门。……户七千七百七十九。

到唐则属沙州。《新唐书·地理志》：

沙州敦煌郡……县二：敦煌、寿昌。……户四千二百六十五，口万六千二百五十。［按：敦煌县南有鸣沙，故曰沙州。《敦煌录》云："州（沙州）南有莫高窟，去州二十五里。"又《莫高窟记》："沙州在东南二十五里三危山西。"是唐之沙州，去千佛洞二十五里，在千佛洞西北。疑今佛爷庙一带，即沙州县地也。又前凉州张骏于敦煌置沙州因此。又寿昌即汉之龙勒县，即今敦煌西南之南湖店也。］

郡治为最小。至宋中叶以后，为西夏所据。明代闭关不与西域交通。一直要到清，西路才通，又成为清人往新疆的要道。

在唐天宝时，敦煌一县，实有十三乡，即敦煌、洪池、悬泉、莫高、神沙、龙勒、玉关、洪闰、效谷、从化、寿昌、平康、慈惠（见P. 2738卷及P. 2803卷。按P. 2728卷，十乡有赤心而无洪池、悬泉、从化、寿昌），则古县已沦为乡镇者多矣。其时寺庙盖极兴盛，据P. 2738卷有龙兴寺、大云寺、报恩寺、灵修寺、圣光寺、乾元寺、净土寺、开元寺、永安寺、安国寺、大囗寺、普光寺、金光明寺、灵图寺、连寺、周家兰若、官嫂兰若、安淳于兰若、北欭（？）……保兰若、乐家兰若等。参与经卷题记中所有寺名，大约可信，可见当时佛教之盛云。

由敦煌写本中，又可得知唐时敦煌有十二或二十个风景区，为诗人所歌颂。P. 2748卷的后面，有一卷《沙州敦煌二十咏》。其二十处为：三危山、白龙堆、莫高窟、贰师泉、渥洼池天马、阳关戍、水精堂、玉女泉、瑟瑟监、李庙、贞女台、安城祆、墨池、半壁树、三攒草、贺拔堂、望京门、相似树、凿壁井、分流泉。其时为大中四年。

宋以后与本书关系少，不再去说了。

二　敦煌学

（一）莫高窟经卷的发现

莫高窟的地势，南高而北低，现在的南首岩根处，别有寺院，名为上寺。上寺之北为中寺（上中两寺原为一寺，后分为二）。在北头将尽的佛洞处，又一寺院，名为下寺。上寺、中寺均为喇嘛住处，下寺为道士住处。

据莫高窟所发现的材料推知，宋时西夏之乱，千佛洞下寺僧人，欲避乱他乡，便把经卷佛像杂书等，藏在下寺旁石窟主群北头相近处的一个大洞，就是张大千氏的编号一五一洞。这个大洞原是唐大中五年沙门洪䛒所建的。现在后面有三层楼阁，洞本身作“T”状，为莫高窟常见形式。甬道口宽一丈二尺七寸，长二丈二尺八寸，高约二丈。入内大洞长五丈二尺，宽四丈九尺，高约三丈。由洞口至内二丈二尺，为平地，系烧香礼佛跪拜周旋之地。其后三丈为神龛，龛高一尺三寸，长二丈六尺，宽二丈。台左右前后有五尺宽走道，可以左右出入。

在此大洞甬道之北，距地三尺处，有一宽二尺五寸、高约四尺之甬道，后即一复洞，洞长宽均为九尺五寸，边高六尺五寸，中高九尺三寸。洞内四壁皆画，一幅画男女像各一，其衣饰极为别致，为千佛洞中极罕见之作品。由色彩形状，知为唐画。从前装满的经卷佛像等，现在是空无所有了。大概在宋时下寺僧众将经卷藏入后，用土基将复洞门塞闭，外以泥涂，再加粉画，就现存残形观之，是宋画无疑。

自宋时封闭后，逃避的僧人，大概一去不复回，后人也不复知有此复洞，更不知复洞中有这样多而且精的不世之宝。一直留到光绪二十五年的四月，让一个庸俗不堪的王道士来打开。

王道士名元箓，是湖北麻城人，初在肃州巡防军为卒，退伍后无事可做，遂做了道士。来到敦煌，穷无所藏，投宿于一百四十三窟。此时的莫高窟寺院，多为红教喇嘛，诵的是番经，独王元箓能诵道经，作中原语，以是人多求他礼忏，生涯渐渐好起来，因雇一杨某写经。杨某就一百五十一窟甬道间置一案，背壁坐。抄经之暇，吸旱烟，以芨芨草燃火，常以燃余之草插壁间裂缝中。一日吸烟余草稍长，仍插其处，乃深入不可止。以手击壁，其声中空，疑有他因，告王道士。王道士夜半与杨某击破其壁，则内有一门，高不足容人，用泥块封塞，把泥块去掉，则为一小甬道，入内为一复洞，较外大洞为小，约一丈左右（实为八尺），有白布包等无数，充塞其中，装置极整齐，每一白布包，裹经十卷，复有佛幡绣像等，则平铺于白布包下。光绪三十三年《重修三层楼功德碑》（其实是木牌）云："二十六年掘得复洞，内藏释典充宇，铜像盈座。侧有碑云：唐大中五年沙门洪晉立。"所记藏物，尚有铜像盈座，现在我们已不能知道这些铜像的去处了（据《王道士墓志》，是光绪二十五年事）。

窟藏发现后，王道士延城中官绅来观，绅士们不知其可贵，都说这些佛经流传在外，是造孽有罪的，嘱咐他仍还置窟内。

当时的敦煌县长名汪宗瀚，字栗庵，是湖北人。他对古物有相当认识，因从王道士处，取去若干写经及画像。后三年，光绪二十八年，苏州叶昌炽作甘肃学台，叶对古物有特好，托汪宗瀚搜求，汪遂以宋乾德六年水月观音像，写经卷子本，梵叶本各二，送给昌炽（见《语石》卷一第二十九页）。昌炽遂建议甘肃的藩台衙门，将此古物运省垣保存，但估计运费要五六千两银子，无由筹得，乃于光绪三十年三月，令敦煌县长汪宗瀚“检点经卷画像，仍为封存”。王道士用砖来砌断了这座宝库。

（二）经卷的盗劫与清政府的拾遗

王道士人颇有机智，自敦煌士绅对此宝物不加重视后，他曾载着一箱经卷，到酒泉去献给安肃道道台满洲人廷栋，廷栋以为这种经卷的书法，还不如他自己的字，颇为轻视，王道士又碰壁而归。

当时嘉峪关的税务司是个比利时籍的帝国主义分子，他将回国，来向廷栋辞行，廷栋把经卷一部分赠送了他。这个比利时人，到新疆后，又将所得卷子，分赠给在新疆的长庚将军（亦满洲人）及道台潘某，并且说出得自敦煌的情形。这时新疆的帝国主义分子，已在传说敦煌的艺术品了。

当时受英帝国主义印度政府之命，潜入新疆勘察，名义上是“考古”的匈牙利人斯坦因（Sir Aurel Stein），正是第二次到新疆之时，听见了敦煌发见写得有古外国文字的写本书籍，于是他决定来敦煌。

斯坦因对敦煌一地，本来不陌生。原本他有个同乡朋友，匈牙利地质调查所所长洛克齐（Professor de Loczy）曾潜入甘肃作地质学探险的间谍活动，他在1879年（光绪五年）曾到过敦煌，参观过千佛洞，曾把石室中的美丽的壁画与塑像，同斯坦因讲过，斯坦因受了这些鼓动，在1907年的2月，即石室藏经发现后的第八年，向敦煌出发，先到长城一带，搜求了一些木简（详后）。到5月21日，在那荒凉寂寞的郊野，扎下了他的帐篷，准备作长时期的耽搁。他开始打听这古代写本的消息，先由一小和尚借一长卷给他看，他访求到藏经的石洞，已被砖封断。也见到发现古写本的王道士，但他发现他的对手“极其机警，不可捉摸”。这个帝国主义的文化间谍于是用金钱来利诱王道士，但胜不过王道士对宗教的情感，与激于众怒的畏惧。

后来这个狡猾的帝国主义分子又耍出一种手段来，他利用玄奘到印度取经的故事，及他如何循着玄奘的足迹，从印度横越过峻岭高山，荒漠大野，才来到此的经过，再加上些半神性的话，欺着了王道士。又经过他那从新疆带来的师爷，标准奴才的蒋某的折冲，花了一大笔钱，于是他的诡计得售，结果是王道士把门打开了，这个文化间谍从道士所掌的微暗的油灯中，发现了高达十呎的乱堆约有五百方呎这样多的宝藏，再从洞中起出几捆，到新建的佛堂中，用帘幕遮着，以防外人。有高达一呎，长至二十码以上，全部保存甚佳，大概与初入藏时无甚差异。纸质坚韧的卷子，一捆一捆地由王道士抱了出来，于是有用梵文写的，有土耳其斯坦佛教徒用来翻译佛经的各种方言写的佛经，也有印度波罗谜字写的，中亚细亚各种文字写的，及各种方言写的其他宗教经典与文书杂件之属。又有一大捆用无色坚韧的画布包着的古画（画在绢上或布上、纸上的），印有美丽花卉的许多绢绸（装饰用的），画有美丽佛像、稀薄透光的绢幡。颜色调和，鲜艳如新。又有纸画，同雕版印刷品、人物画绢、印花织物、地毡、丝织物、绣的佛像，以及各种装饰用的丝织品，大批中国字写的佛经、儒家经典、字书、韵书、《老子》、咸通九年的印本、摩尼等宗教经典，及与各种宗教有关的纸片。还有大概是西藏人带来的藏文佛经。到了半夜，由这位蒋师爷自己抱着一大捆卷子，送到了帐篷。如是者连运了七夜之久。三个人都保守秘密，不让别人知道。运来的东西，愈来愈重，至于不能用车辆载运。由于反动的封建政权昏蒙颟顸，以及王道士的贪财盗卖，这个帝国主义强盗竟满掠了我们的国宝，扬长而去。

十六个月后，所有满装写本的二十四口箱子，另外还有五口内里仔细装满了画、绣品以及其他同样美术上的遗物箱笼，全都运到伦敦放入不列颠博物院里。当我于1937年春天参观不列颠博物院时，这批宝物，被扬扬得意地在院中高高挂着，不能不令人忿忿于这个人类不光明的劫夺！斯坦因是第一个劫走敦煌宝藏的人，我们在本书里，选刊了他所劫去的各种艺术品与写本书若干幅，愿读者深深认识这些帝国主义强盗们的劫夺行为。这一次他的盗窃行为的供状，是他写的《西域考古图记》（*Serindia: Detailed Report of Exploration in Central Asia and Westernmost China*，volumes V.Oxford.Clarendon Press，1921）一书，书画详目，皆见此书，更附上一部标本选刊的《千佛洞图录》（*The Thousand Buddhas*）。

这个帝国主义强盗，在1914年又来我国做第三次的罪恶活动，再一次到了敦煌。他在新疆沿途已收到了不少的石室散出的卷子。到敦煌后，又施用他利诱的故技，从王道士手中弄去了五大箱六百多卷佛经。

斯坦因在1909年回到伦敦后，在许多专家的帮助下，整理了这一批材料，小翟理斯L. Giles为之编目——到1914年先编成，名曰*British Museum Guide to an Exhibition of Paintings, Manuscripts, and other Archeological Object Collected by Sir Aurel Stein*,

K. C. I. E.in Chinese Turkestan，London.其中大部分的佛经，据日本学者矢吹庆辉禅师（Rev. K. Yabuki）的研究，其中很多为前人载籍所未著录及佚失的著作（这个目录，罗福苌曾译过一部分，载北大《国学季刊》第一卷。向达氏有《伦敦所藏敦煌卷子往眼目录》，载《图书季刊》复刊一号、四号，亦可参考）。他在整理了这批材料后，得了如下的结论：

① 关于写本内容的丰富，是解释自汉以来敦煌一隅之所以能成为各区域各民族以及各种信仰很重要的交流地方的重要资料。这许多经卷，又足以证明千佛洞以及曾为圣地的敦煌沙漠田的宗教生活，大都由中国僧侣主持。

② 关于历史地理以及其他方面的中国学问的残篇，为以前所不知道的，也还不少。有好几百篇文书，对于当地的生活状态、寺院组织之类，可以显示若干光明。这些记录，自古以来未留给我们。

又在这些文书中，曾发现有咸通九年（868年）刻本的一卷经卷，是现知雕版书最古的一个标本。从其扉页上的画面所表现的完美的技术看来，可见印刷术在这以前已经过一个长期的发展。

此外还有关于各种宗教，在中古时期，在中国流行的情形。各种中亚细亚许多古代文书的发现，西藏文书的发现，及印度文书的发现，从这些文书中，对史地学、语言学上的重要，他说他对此事的简单叙述，也就足以为从黄海到亚得里亚海的一种民族和语言的奇异遗物作一个结束。“东方、南方、西方这三方的奇异的连锁，在亚洲的交汇点，即是敦煌。”其他我们将分别在下面去详述。

关于斯坦因所劫去的经卷，现全部藏于不列颠博物院，全数当不下七千卷。至于所得敦煌壁画画幡之属，则绝大部分存于印度新德里中亚细亚古代文物博物院（New-Delhi Central Asia Antiquities Museum）。安德鲁士（F. H. Andrews）所编之*Cataloque of Wallpaintings from Ancient Shrines in Central Asia and Sistan*及韦来氏（A. Waley）所编之*A Catalogue of Paintings Recovered from Tun-huang by Sir A. Stein Preserved in the Sub-department of Oriental Prints and Drawing in the B.M.and in the M.of Central Asian Antiquities*二书叙述甚详，可参考。

当斯坦因所劫这一批赃物到达伦敦后，他在皇家地理学会作了一次报告，立刻震撼了整个欧洲的学术界。这时法国的汉学家，劫夺的野心，也不后于英帝国主义者。正在向远东进行中的伯希和（Paul Pelliot），也在不久以后，赶到了敦煌，住在中寺。一方面和王道士打交道，行贿购买经卷，大部分时间是到下寺来选择经卷；其余的时间，便和探险队中的团员Charles Nouette把全部莫高窟石洞中的塑像与壁画偷照了相，这便是他后来编辑，陆续刊行，到1924年，才在巴黎出齐的《敦煌图录》（*Les Grottes de Touen-Hauang*），共有三百七十五张照片，共分六集，用珂罗版印成，这要算目前所有关于敦煌壁画塑像保存最早而又最完齐的画录了。有许多我们现在已见不到了，因为又遭到了摄影以后人为的毁损。

伯希和对汉学很有修养，所知极多，他诱贿王道士在剩余的混乱堆中，选拔了一些中文写本，还有一些他认为在语言学上、考古学上，以及其他方面特别有趣的中文写本，以价一个元宝（重约五十两）一捆，选购了一千五百多卷，掠运巴黎，藏入国立图书馆写本部。我在1935年，曾去翻阅过近千卷，也摄制了些儒家经典、韵书、字书、《老子》卷子，并抄录了些有关文学、史地的卷子，校录了所有的儒家、道家经典，真是美不胜收的祖国文化的宝库啊！连在伦敦所抄得的，辑为《瀛涯敦煌韵辑》、《敦煌经籍校录》与《杂录》诸书。又伯希和所得的绘画之属，则另庋藏于巴黎之集美Musée Guimet（佛画佛像）及卢浮宫Musée du Louvre（版画绣帛工艺品绘画之类）两博物馆。

1909年，伯希和把这一千五百卷的宝物，运着从北京回巴黎，北京已传遍他带去许多重要的中文写本，当时罗振玉等人，都得看见一部分。清政府才正式为此消息所撼动，然后才动公事追查。

大概在伯希和走后，王道士把许多他认为可贵的经，装成了两木桶，名为“转经桶”，其余仍堆集洞中。至此清学部才正式拨款库平六千两，命令敦煌县知县陈泽，尽其所有，一律搜买，护解省垣，其经桶原封未动，陈泽去点查一次，共计经六千卷，解省送京，移藏部立京师图书馆，入录之本，计八千六百九十七号。民国十八年，移交北平图书馆，整理编目，又增残叶一千一百九十二号，共九千八百八十九号，佛经凡四百四十余种，古佚经疏约数十卷，皆罕观之籍。又有晋、魏写本百数十卷，书法古拙，纸质坚韧，尤为可宝。其他经典与现在刊本颇多出入，可资校勘考证。即卷头纸背所书之日常账目，交易契约，鄙俚歌词之属，在昔视为无足轻重，今皆矜为有关掌故者亦不少（陈垣《敦煌劫余录》序）。到民国十八年春，陈垣氏应伪中央研究院历史语言研究所之请，将八千六百九十七卷编为《敦煌劫余录》，义宁陈寅恪先生为之序，中国藏经既汇于一所，而也有了完具的目录，是研究敦煌学的一大工具。但这一批劫余的卷子内容，百分之九十九是佛经，原因是图像器物之属，及中亚古代语言，及其他古文写经，已大半为斯坦因、伯希和两个帝国主义分子劫去，以及捷足者所先得。其遗留者，又因当时甘肃运京途中，为黠者所巧取。故最后所余，是被中外一切巧取豪夺分子劫窃之余的残品。然而就是这一点点残品，它所保留给学术界的遗产，已有如上所陈的可贵。民国十三年夏，北京人士，曾有敦煌经籍辑存会之设，登报征求目录，欲汇编成一个总目，迄未见成，这是很可惜的。

这一次的运省送京，并未搬完，大概是王道士的花样。所以到斯坦因1914年第二次重到敦煌，又由王道士手中买去五六百卷，可以推知。大概此时王道士所弄的玄虚，即所谓“转经桶”，已被人识破。所以从宣统三年，民国元年、三年、八年，都查询过这一事的下落，然而始终不明不白，敷衍了事。不过洞中仍有余经的事，也渐为人所知，而且新疆一带，也不时还有人向外国人兜售这种物品。其中还有一大批藏文佛经。所以到了民国八年，甘肃省政府教育厅令敦煌知县，“将该项番字经卷，悉数运送来省，交由省图书馆保存”。并派人到敦煌察看，将洞门挖开，余存番字佛经卷子，点验封存于该寺三层楼南面二层石洞中，计成捆者竟九十四捆，共四百零五斤；夹板成打者，共十一打，连板共一千七百四十四斤。仍存石窟九十捆，共计四百四十一斤半。其余四捆，及夹板十一打，移置劝学所内。除由察看人带省一捆四斤夹板一打六十六斤，保存甘肃图书馆外，其余三捆十五斤四两，十打一千五百八十四斤，永久保存于该处劝学所。这算是一次比较详细的察看。从此算是扫数移存国家机关，王道士不能再卖，也再无人盗买了。这是敦煌经卷在国内入藏的情形（但民国三十几年，有人到敦煌去，又在原藏一洞的大木柜中，见有藏文写经数十卷，不知是从前所遗，抑封存被掘，不得而知）。

当英、法帝国主义者掠夺了敦煌宝藏之后，日本帝国主义者的文化间谍也插手进来肆行盗劫。1902年至1904年，日本大谷光瑞及其弟子橘瑞超，第三次在塔里木盆地、吐鲁番及敦煌沿阿拉善山脉东行入戈壁，得有佛教经典、史料、西域语文书、绘画、雕刻、染织物、古钱等。佛典中之晋元康六年之《诸佛要集经》，西凉初之《法华经》，及善导大师《阿弥陀经》，共掠去四百多卷，写有目录，详记其卷第，尾题印记。其印记有报恩寺、净土寺、三界寺。其经文已印入《二乐丛书》。这批书以佛经为最多。罗振玉氏曾借录其目而印行之。大谷著有《西域考古图谱》，亦可助参考。

又继橘瑞超而往者，有吉川小一郎，亦携归百余卷，其目尚未见。但他们编的《大正大藏经》，已把这些佛经材料，连英、法所能得者，都已摘要录入。

德国帝国主义分子勒考克（A von Le Coq）也跟踪进行罪恶的盗窃活动，四次到新疆"考古"，劫去者以美术品为最多。他的自供，写成了《中亚美术及文化史图集》（*Bilderatlas zur Kunst und Kultuigeschichte Mittel-Asiens*，Berlin，1925）。

最可恶的劫夺者，要算美帝国主义者哈佛大学福格艺术博物馆（Fogg Art Museum）东方部主任华尔纳（L. Warner）在1923年来华，盗走了唐代观音塑像及壁画。据常书鸿氏云："据不完全的统计，1924年（按，1924应作1923）华尔纳在千佛洞用胶布粘去与毁损的初盛唐石窟壁画，据敦煌文物研究所编号第320，321，328，329，331，335，372各窟壁画二十六方，共计三万二千零六平方公分。其中初唐画有汉武帝遣博望侯张骞使西域迎金佛等，有关民族历史与中国佛教史重要故事内容的壁画多幅，及328窟通高一百二十公分盛唐最优美的半跪式观音彩塑等数尊。这批赃物，现藏美国剑桥费城伐格博物馆。"（按：应作哈佛大学福格艺术博物馆）《文物参考资料》二卷一期，共有王逊、傅振伦等三文，记述此事。

按华尔纳还自己写了一本等于自供状的书，名《在中国漫长的古道上》（*The Long Old Road in China*）。

（三）敦煌汉简的发现

莫高窟经藏的发现，与莫高、榆林、西千佛等窟的塑像壁画等，同等有文化上的极高价值。这些东西，都在敦煌的南或东的地带，以三危山为中心。但敦煌自汉以来，已是西北重镇，从考古学上的材料来说，还应有其他文物。

现在我再来报告一件也非常重要的文书，也要算在敦煌县境内发现的，而发现的也正是那第一个劫取敦煌古文物的斯坦因。这是什么？就是名震世界的汉简！

原来中国纸张的发明，虽则早在汉代，然而边地的始用，是较迟一点的。纸发明以前的文书，都写在竹简、木牍之上，所以近世纪来在西北一带的考古事业中，往往发现简牍，有的是属于汉的，有的是属于晋以后的。但斯坦因这次在敦煌发现而劫去的，则是汉代遗留在边墙上的简牍，所以称为汉简。

当斯坦因第二次到西北考古，听见敦煌有古物，从新疆由东向敦煌进行之时，进入了玉门关后，在疏勒河——敦煌境北的河流终点河床旁边三哩之遥，他发现了一座碉楼遗址，又发现了横过低地的一道城墙，从疏勒河向东，至少有十六哩之长，没有间断。从这墙的遗址的外形、本质，及附近的遗物，他断定这是古长城。他在这个城阙墙顶苇秆捆中，发现了一块小绢，又得到五彩画绢残片、残木片，以及上书中国字“鲁丁氏布一匹”的小木片。他断定这许是汉代的东西。后来他调查这个断续的墙，直抵额济纳河，全长达四百哩以上，正是与中国载记相合的长城。

他又在近碉楼的小屋遗址的垃圾堆里，找出许多中国字的木简，这些有字的小木片上，有许多是有年代的。这些年代，都是在公元后第一世纪。这里的边墙遗址，在前汉时候便已为人据有。这些写本文书，是中国最古的写本，是无疑的了！后来由他的蒋师爷，把这些木简弄得更明白，其内容差别很大，有关军事统治简单的报告和命令，收到器械给养一类物件的呈报，私人的通信，还有学校字书，以及书法练习一类的残片。

这些杂片，就文书的观点来看，其年代很杂乱。薄片最普通的形式是大约有九吋半长，四分之一到半吋宽。每一行所写中国字，常有三十个以上，可见当时流行书法之异常干净。所用的材料，除光滑细致的木片或竹片外，并还有本地出产甚多而比较粗糙的红柳树，不大正式的通信，便用此种材料，截成无定的形式，用来抄写，当然是很好的。屯戍绝域的兵士，显然以此消遣时日。

木简上面有许多刮削的痕迹，可见其来源不易，价值昂贵，于是一片之木，用了又用。从围绕着远戍绝漠的那些卫士的狭道的垃圾堆里，所找出的杂乱遗物中，及研读木简的结果，所示屯戍的将士，大半是犯了罪的，因而远役绝塞。

又在防守长城西头的一座碉楼附近，得到一大块有字木简，上面有太始三年（公元前94年）的年号。据简上说，当地名为大煎部。还有一片是太始元年。在一切碉楼里，他都得到遗物。但最多的要算长城线后面二哩多，大概是个支部小驿站。在这室内得到的木简，大概是官员们用的，其中一片的年月，是宣帝地节二年（公元前68年）五月十日。

在这遗址的斜坡上的垃圾堆里，仅仅一方哩的地上，得到有字的木简三百片以上，应当是这位小官员的全部档案，是属于宣帝元康元年至五凤二年（公元前65年至前56年）间的东西。这些文书，有的只是重录或称引关于在敦煌地带建立屯田区域，以及建造亭障或城墙以保边的一些诏谕。此外是沿长城线军队的组织，各个不同的队名。也有关于长城及其他各部分、各烽燧的报告同命令。有些文书说到“士官”名称，证明此地兵籍中，亦有非中国人的夷兵。还有一段作为符节用的，上书古撒马尔干同布哈拉通行的古利语的木简。还有许多片上书元康三年（公元前63年）、神爵三年（公元前59年）、五凤元年（公元前57年）诸年的精美历书，及一段中国有名的小学书——《急就章》。

在古玉门关东五哩左右的一个遗址内，墙角处得了一堆木简，简上说到从敦煌沙漠田输送粮食以及储备衣服等物。

所有这几百件木简的解释，在斯坦因的《西域考古图记》（Serindia）一书中，有详细的记载。而每一片木简上文句的解释，及其有关史地的考证，据我所知，有法国汉学家沙畹博士的《考释》一书，在1913年印行于伦敦（沙畹释竹简之作，先见于斯坦因第一次报告附录中“Ancient Khotan”，pp.521—547，Appendix A.-Chinese Document from The Sites of Dandan Uiliq，Niya and Endera，translated and annotated by Ed.Chavannes）。而王国维、罗振玉两人，又为之重行考订，成《流沙坠简》一书。

除了这些木简外，同时同地斯坦因还得了些其他古物，此处也有附带介绍的必要。

1. 最早的纸

斯坦因在长城的一段烽燧尘封堆集的室中，发现了八封干干净净用古窣利文字体写在纸上的书函，有些用绢包裹，有些用绳缠着，是一些中亚一带商人到中国以后发回的私人通信。他们显然喜欢用新发明的纸作书写材料，而不喜用中国人所墨守的木简。

2. 绢

又在一座烽燧遗址上，他得到一段古代的绢，上书汉字同婆罗谜文。这是古代绢缯贸易的孑遗，绢头子上备具产地及每一匹的大小重量。

3. 杂军用器

他在一个烽燧遗址中，找到一个束扎着的小盒，中置带破干残羽的铜箭镞一枚。用同近代军事术语相合的当时公文语气来说，是“破箭一支，归库，另易新者”。古长城所得文书中，记及换发新弩，归还敝损者甚多。他又在城墙及烽燧附近，拾得许多青铜箭镞。还有一个盒子上面有一块木简，写明“玉门显明燧蛮兵铜镞百完”。还有一个小箱，箱盖上写明“显明燧药函”，这是军用药箱，可以见古代行军及医药一斑。

4. 杂器

还有他又得到一件量器，形同鞋匠足尺，上刻汉代尺度。又有一些木印盒，上有小槽排列的形式，可以用绳缚住。

其他的杂物还多，此处不尽载了。

所有这些木简杂器物，论地点都属于敦煌范围以内。以时间说，又下接魏、晋、六朝，都是同一类型的文化所孕育。应当算入“敦煌学”一个课题之内去。然后汉以来的文化去路有所承受，六朝以来的文化来源有所承袭。所以在此特用专章详述它一番。

总结以上莫高窟、榆林、西千佛等的造型艺术，一五一洞的经典写本，古长城一带的古写木竹简，这些全部宝物，组成了“敦煌学”的内容。

这个内容是丰富而有光彩的。它包括了北中国两千年的文化发展、民族兴衰，也交织着一切与西北民族，乃至印度、欧洲民族的关系，说明中西交通的情形，文化传播的大概。而其具体内容所表现的是我们祖先的辉煌的艺术文化的成就，吸收类化外来文化的能力，及其民族的一切伟大的发现、伟大的创作，艺术、宗教、哲学、人文科学、自然科学的精金美玉，无处不表现我们民族的先进的事迹，不在一切民族之下。它的一切创作发现，几无一件不影响全人类的幸福生活，正是我们值得骄傲的，也是我们值得发扬光大的一笔遗产。我们要踏着敦煌的基石，建设我们的光辉美满的社会。从另一方面说，也要在了解和钻研敦煌学的过程中，把过去百年中帝国主义侵入后我们民族所受到的自卑感的影响完全消除掉，恢复民族的自信心。敦煌古典文化的一切，正是值得我们深深学习的。

国家新闻出版广电总局

首届向全国推荐中华优秀传统文化普及图书

大家小书书目

国学救亡讲演录	章太炎 著 蒙 木 编
门外文谈	鲁 迅 著
经典常谈	朱自清 著
语言与文化	罗常培 著
习坎庸言校正	罗 庸 著 杜志勇 校注
鸭池十讲（增订本）	罗 庸 著 杜志勇 编订
古代汉语常识	王 力 著
国学概论新编	谭正璧 编著
文言尺牍入门	谭正璧 著
日用交谊尺牍	谭正璧 著
敦煌学概论	姜亮夫 著
训诂简论	陆宗达 著
金石丛话	施蛰存 著
常识	周有光 著 叶 芳 编
文言津逮	张中行 著
经学常谈	屈守元 著
国学讲演录	程应镠 著
英语学习	李赋宁 著
中国字典史略	刘叶秋 著
语文修养	刘叶秋 著
笔祸史谈丛	黄 裳 著
古典目录学浅说	来新夏 著
闲谈写对联	白化文 著
汉字知识	郭锡良 著
怎样使用标点符号（增订本）	苏培成 著
汉字构型学讲座	王 宁 著

诗境浅说	俞陛云　著
唐五代词境浅说	俞陛云　著
北宋词境浅说	俞陛云　著
南宋词境浅说	俞陛云　著
人间词话新注	王国维　著　滕咸惠　校注
苏辛词说	顾　随　著　陈　均　校
诗论	朱光潜　著
唐五代两宋词史稿	郑振铎　著
唐诗杂论	闻一多　著
诗词格律概要	王　力　著
唐宋词欣赏	夏承焘　著
槐屋古诗说	俞平伯　著
词学十讲	龙榆生　著
词曲概论	龙榆生　著
唐宋词格律	龙榆生　著
楚辞讲录	姜亮夫　著
读词偶记	詹安泰　著
中国古典诗歌讲稿	浦江清　著 浦汉明　彭书麟　整理
唐人绝句启蒙	李霁野　著
唐宋词启蒙	李霁野　著
唐诗研究	胡云翼　著
风诗心赏	萧涤非　著　萧光乾　萧海川　编
人民诗人杜甫	萧涤非　著　萧光乾　萧海川　编
唐宋词概说	吴世昌　著
宋词赏析	沈祖棻　著
唐人七绝诗浅释	沈祖棻　著
道教徒的诗人李白及其痛苦	李长之　著
英美现代诗谈	王佐良　著　董伯韬　编
闲坐说诗经	金性尧　著
陶渊明批评	萧望卿　著

古典诗文述略	吴小如　著
诗的魅力 ——郑敏谈外国诗歌	郑　敏　著
新诗与传统	郑　敏　著
一诗一世界	邵燕祥　著
舒芜说诗	舒　芜　著
名篇词例选说	叶嘉莹　著
汉魏六朝诗简说	王运熙　著　董伯韬　编
唐诗纵横谈	周勋初　著
楚辞讲座	汤炳正　著 汤序波　汤文瑞　整理
好诗不厌百回读	袁行霈　著
山水有清音 ——古代山水田园诗鉴要	葛晓音　著
红楼梦考证	胡　适　著
《水浒传》考证	胡　适　著
《水浒传》与中国社会	萨孟武　著
《西游记》与中国古代政治	萨孟武　著
《红楼梦》与中国旧家庭	萨孟武　著
《金瓶梅》人物	孟　超　著　张光宇　绘
水泊梁山英雄谱	孟　超　著　张光宇　绘
水浒五论	聂绀弩　著
《三国演义》试论	董每戡　著
《红楼梦》的艺术生命	吴组缃　著　刘勇强　编
《红楼梦》探源	吴世昌　著
《西游记》漫话	林　庚　著
史诗《红楼梦》	何其芳　著 王叔晖　图　蒙　木　编
细说红楼	周绍良　著
红楼小讲	周汝昌　著　周伦玲　整理

曹雪芹的故事	周汝昌 著 周伦玲 整理
古典小说漫稿	吴小如 著
三生石上旧精魂——中国古代小说与宗教	白化文 著
《金瓶梅》十二讲	宁宗一 著
中国古典小说十五讲	宁宗一 著
古体小说论要	程毅中 著
近体小说论要	程毅中 著
《聊斋志异》面面观	马振方 著
《儒林外史》简说	何满子 著

我的杂学	周作人 著 张丽华 编
写作常谈	叶圣陶 著
中国骈文概论	瞿兑之 著
谈修养	朱光潜 著
给青年的十二封信	朱光潜 著
论雅俗共赏	朱自清 著
文学概论讲义	老 舍 著
中国文学史导论	罗 庸 著 杜志勇 辑校
给少男少女	李霁野 著
古典文学略述	王季思 著 王兆凯 编
古典戏曲略说	王季思 著 王兆凯 编
鲁迅批判	李长之 著
唐代进士行卷与文学	程千帆 著
说八股	启 功 张中行 金克木 著
译余偶拾	杨宪益 著
文学漫识	杨宪益 著
三国谈心录	金性尧 著
夜阑话韩柳	金性尧 著
漫谈西方文学	李赋宁 著
历代笔记概述	刘叶秋 著

周作人概观	舒 芜 著
古代文学入门	王运熙 著 董伯韬 编
有琴一张	资中筠 著
中国文化与世界文化	乐黛云 著
新文学小讲	严家炎 著
回归，还是出发	高尔泰 著
文学的阅读	洪子诚 著
中国文学1949—1989	洪子诚 著
鲁迅作品细读	钱理群 著
中国戏曲	么书仪 著
元曲十题	么书仪 著
唐宋八大家——古代散文的典范	葛晓音 选译
辛亥革命亲历记	吴玉章 著
中国历史讲话	熊十力 著
中国史学入门	顾颉刚 著 何启君 整理
秦汉的方士与儒生	顾颉刚 著
三国史话	吕思勉 著
史学要论	李大钊 著
中国近代史	蒋廷黻 著
民族与古代中国史	傅斯年 著
五谷史话	万国鼎 著 徐定懿 编
民族文话	郑振铎 著
史料与史学	翦伯赞 著
秦汉史九讲	翦伯赞 著
唐代社会概略	黄现璠 著
清史简述	郑天挺 著
两汉社会生活概述	谢国桢 著
中国文化与中国的兵	雷海宗 著
元史讲座	韩儒林 著

魏晋南北朝史稿　贺昌群 著
汉唐精神　贺昌群 著
海上丝路与文化交流　常任侠 著
中国史纲　张荫麟 著
两宋史纲　张荫麟 著
北宋政治改革家王安石　邓广铭 著
从紫禁城到故宫
——营建、艺术、史事　单士元 著
春秋史　童书业 著
明史简述　吴 晗 著
朱元璋传　吴 晗 著
明朝开国史　吴 晗 著
旧史新谈　吴 晗 著 习 之 编
史学遗产六讲　白寿彝 著
先秦思想讲话　杨向奎 著
司马迁之人格与风格　李长之 著
历史人物　郭沫若 著
屈原研究（增订本）　郭沫若 著
考古寻根记　苏秉琦 著
舆地勾稽六十年　谭其骧 著
魏晋南北朝隋唐史　唐长孺 著
秦汉史略　何兹全 著
魏晋南北朝史略　何兹全 著
司马迁　季镇淮 著
唐王朝的崛起与兴盛　汪 篯 著
南北朝史话　程应镠 著
二千年间　胡 绳 著
论三国人物　方诗铭 著
辽代史话　陈 述 著
考古发现与中西文化交流　宿 白 著
清史三百年　戴 逸 著

清史寻踪　　戴　逸　著
走出中国近代史　　章开沅　著
中国古代政治文明讲略　　张传玺　著
艺术、神话与祭祀　　张光直　著
　　刘　静　乌鲁木加甫　译
中国古代衣食住行　　许嘉璐　著
辽夏金元小史　　邱树森　著
中国古代史学十讲　　瞿林东　著
历代官制概述　　瞿宣颖　著

宾虹论画　　黄宾虹　著
中国绘画史　　陈师曾　著
和青年朋友谈书法　　沈尹默　著
中国画法研究　　吕凤子　著
桥梁史话　　茅以升　著
中国戏剧史讲座　　周贻白　著
中国戏剧简史　　董每戡　著
西洋戏剧简史　　董每戡　著
俞平伯说昆曲　　俞平伯　著　陈　均　编
新建筑与流派　　童　寯　著
论园　　童　寯　著
拙匠随笔　　梁思成　著　林　洙　编
中国建筑艺术　　梁思成　著　林　洙　编
沈从文讲文物　　沈从文　著　王　风　编
中国画的艺术　　徐悲鸿　著　马小起　编
中国绘画史纲　　傅抱石　著
龙坡谈艺　　台静农　著
中国舞蹈史话　　常任侠　著
中国美术史谈　　常任侠　著
说书与戏曲　　金受申　著
世界美术名作二十讲　　傅　雷　著

中国画论体系及其批评	李长之 著
金石书画漫谈	启 功 著 赵仁珪 编
吞山怀谷 ——中国山水园林艺术	汪菊渊 著
故宫探微	朱家溍 著
中国古代音乐与舞蹈	阴法鲁 著 刘玉才 编
梓翁说园	陈从周 著
旧戏新谈	黄 裳 著
民间年画十讲	王树村 著 姜彦文 编
民间美术与民俗	王树村 著 姜彦文 编
长城史话	罗哲文 著
天工人巧 ——中国古园林六讲	罗哲文 著
现代建筑奠基人	罗小未 著
世界桥梁趣谈	唐寰澄 著
如何欣赏一座桥	唐寰澄 著
桥梁的故事	唐寰澄 著
园林的意境	周维权 著
万方安和 ——皇家园林的故事	周维权 著
乡土漫谈	陈志华 著
现代建筑的故事	吴焕加 著
中国古代建筑概说	傅熹年 著
简易哲学纲要	蔡元培 著
大学教育	蔡元培 著 北大元培学院 编
老子、孔子、墨子及其学派	梁启超 著
春秋战国思想史话	嵇文甫 著
晚明思想史论	嵇文甫 著
新人生论	冯友兰 著

中国哲学与未来世界哲学　冯友兰　著
谈美　朱光潜　著
谈美书简　朱光潜　著
中国古代心理学思想　潘　菽　著
新人生观　罗家伦　著
佛教基本知识　周叔迦　著
儒学述要　罗　庸　著　杜志勇　辑校
老子其人其书及其学派　詹剑峰　著
周易简要　李镜池　著　李铭建　编
希腊漫话　罗念生　著
佛教常识答问　赵朴初　著
维也纳学派哲学　洪　谦　著
大一统与儒家思想　杨向奎　著
孔子的故事　李长之　著
西洋哲学史　李长之　著
哲学讲话　艾思奇　著
中国文化六讲　何兹全　著
墨子与墨家　任继愈　著
中华慧命续千年　萧萐父　著
儒学十讲　汤一介　著
汉化佛教与佛寺　白化文　著
传统文化六讲　金开诚　著　金舒年　徐令缘　编
美是自由的象征　高尔泰　著
艺术的觉醒　高尔泰　著
中华文化片论　冯天瑜　著
儒者的智慧　郭齐勇　著

中国政治思想史　吕思勉　著
市政制度　张慰慈　著
政治学大纲　张慰慈　著
民俗与迷信　江绍原　著　陈泳超　整理

政治的学问	钱端升　著　钱元强　编
从古典经济学派到马克思	陈岱孙　著
乡土中国	费孝通　著
社会调查自白	费孝通　著
怎样做好律师	张思之　著　孙国栋　编
中西之交	陈乐民　著
律师与法治	江　平　著　孙国栋　编
中华法文化史镜鉴	张晋藩　著
新闻艺术（增订本）	徐铸成　著
经济学常识	吴敬琏　著　马国川　编
中国化学史稿	张子高　编著
中国机械工程发明史	刘仙洲　著
天道与人文	竺可桢　著　施爱东　编
中国医学史略	范行准　著
优选法与统筹法平话	华罗庚　著
数学知识竞赛五讲	华罗庚　著
中国历史上的科学发明（插图本）	钱伟长　著

出版说明

“大家小书”多是一代大家的经典著作，在还属于手抄的著述年代里，每个字都是经过作者精琢细磨之后所拣选的。为尊重作者写作习惯和遣词风格、尊重语言文字自身发展流变的规律，为读者提供一个可靠的版本，“大家小书”对于已经经典化的作品不进行现代汉语的规范化处理。

提请读者特别注意。

北京出版社